中國造像之美

丝绸之路上的石窟艺术与文明流变

编著 / 陈柯翰　王凯

CCTP
中央编译出版社
Central Compilation & Translation Press

图书在版编目（CIP）数据

中国造像之美 ： 丝绸之路上的石窟艺术与文明流变 / 陈柯翰， 王凯编著 . -- 北京 ： 中央编译出版社， 2025. 2. -- ISBN 978-7-5117-4633-7

Ⅰ . K879. 3-49

中国国家版本馆 CIP 数据核字第 2024HS5670 号

中国造像之美

丝绸之路上的石窟艺术与文明流变

选题策划 张远航　潘　萌
责任编辑 哈　曼
责任印制 李　颖
出版发行 中央编译出版社
网　　址 www.cctpcm.com
地　　址 北京市海淀区北四环西路 69 号（100080）
电　　话 （010）55627391（总编室）　（010）55627313（编辑室）
（010）55627320（发行部）　（010）55627377（新技术部）
经　　销 全国新华书店
印　　刷 北京盛通印刷股份有限公司
开　　本 887 毫米 ×1092 毫米　1/16
字　　数 540 千字
印　　张 18.75
版　　次 2025 年 2 月第 1 版
印　　次 2025 年 2 月第 1 次印刷
定　　价 198.00 元

新浪微博：@ 中央编译出版社　**微　　信：**中央编译出版社（ID：cctphome）
淘宝店铺：中央编译出版社直销店（http://shop108367160.taobao.com）（010）55627331

本社常年法律顾问：北京市吴栾赵阎律师事务所律师　闫军　梁勤
凡有印装质量问题，本社负责调换，电话：（010）55627320

目录

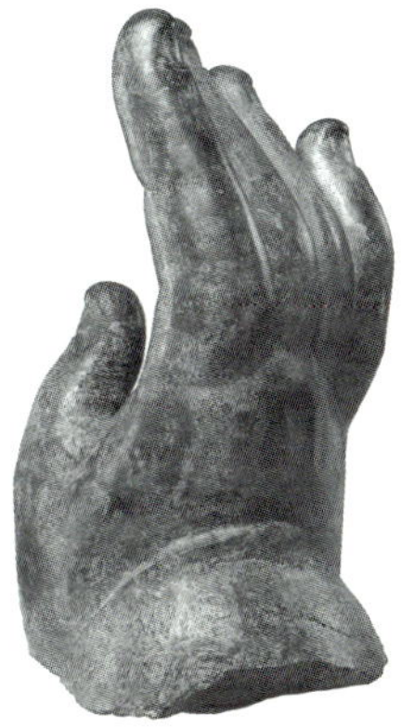

华藏宝相

佛立像 北齐 石灰石质 高120cm 山东青州博物馆藏

弥勒佛像　北魏太和十年　青铜鎏金　高140.3cm　美国大都会艺术博物馆藏

犍陀罗艺术研究的历史价值和现实意义

文／宁强

犍陀罗艺术，作为古代文明融合的产物，不仅在艺术史上占有举足轻重的地位，而且对于理解多元文化交流与融合具有深远的意义。犍陀罗地区，位于今天的巴基斯坦北部及其毗连的阿富汗东部，是佛教艺术的发源地之一，深受希腊、罗马以及中亚、南亚文化传统的影响，形成了独特的犍陀罗艺术风格。本文旨在探讨犍陀罗艺术研究的重要性，并通过对现有文献的综述和研究，揭示其在当代文化艺术史研究中的价值和意义。

研究犍陀罗艺术不仅是对古代艺术形式的学术探索，更是对人类文化遗产的保护和传承。随着全球化的推进和不同地域之间文化交流的加深，犍陀罗艺术的研究对于促进不同文化之间的对话和理解具有重要作用。本文的研究目的是通过对犍陀罗艺术的深入分析，提出新的视角和方法，以期为未来的相关研究提供参考和启示。

犍陀罗艺术的研究经历了三个阶段：

第一阶段（19 世纪中叶至印巴分治）：西方学者主导，重点分析犍陀罗艺术中的西方文化因素，南亚和中亚学者相对“失语”，中国学者几乎没有关注。

第二阶段（印巴分治后的前三十年）：巴基斯坦学者开始拥有考古优先权，犍陀罗艺术研究中的亚洲力量逐渐兴起。

第三阶段（20 世纪 80 年代至今）：印巴学者力图摆脱西方学术框架，回归本土传统文化视角，东亚学者如中国、日本和韩国的学者加入到追根溯源的研究中，犍陀罗艺术研究进入繁盛期。

近年来，各国学者对犍陀罗艺术的研究主要有如下突出进展：

一、材料与技术研究：近期研究开始关注犍陀罗艺术的化学分析，以揭示古代绘画材料与技术。例如，对犍陀罗地区雕像、浮雕和建筑装饰上原始覆盖的多彩痕迹进行化学分析，以发现古代绘画材料与技术。

二、文化影响分析：研究表明犍陀罗艺术受到希腊—罗马、伊朗、印度和中亚艺术文化的深刻影响。这些文化在犍陀罗艺术中留下了明显的痕迹，如雕塑和建筑装饰风格的融合。

三、艺术传播研究：犍陀罗艺术的发展不局限于其发源地，还通过佛教传播至整个亚洲，甚至对亚洲各国的主流艺术和文化产生了重大影响。

近年来，犍陀罗艺术的研究方法主要有如下几种：

一、多元文化融合视角：犍陀罗艺术是多元文化融合的产物，对其进行研究需要跨越单一文化视角，综合考虑希腊－罗马、伊朗、印度和中亚等多种文化因素。

二、材料与技术分析：通过科学技术手段分析犍陀罗艺术的材料和技术，为理解其制作工艺和艺术风格提供科学依据。

三、艺术史与文化交流史结合：将犍陀罗艺术的研究放在更广阔的艺术史和文化交流史背景下，探讨其在不同文化中传播和演变的过程。

这些研究方法和成果展示了犍陀罗艺术研究的深度和广度，以及犍陀罗艺术在文化艺术研究领域的重要性。随着更多跨学科研究的开展，犍陀罗艺术的研究将继续拓展新的理论和发现。

根据最新的实证研究和考古发现，犍陀罗艺术的研究呈现出以下几个主要特点：

一、艺术风格的多样性与融合：犍陀罗艺术不仅展示了希腊—罗马以及中亚草原文明的影响，还深刻体现了南亚文明的交汇与融合。这一点在佛像的造型、装饰纹样以及建筑构件中尤为明显，如出土的酒神金盘和斜倚河神像等文物，均展示了多元文化的融合痕迹。

二、材料与技术的创新：犍陀罗艺术在材料和技术上表现出显著的创新，如在首饰制作中常见的水蛭形状装饰和垂饰组合而成的金耳环，其核心成分为紫胶或沥青，这种做法来源于希腊，在塔克西拉的首饰匠中很常见。

三、佛教艺术的传播：犍陀罗艺术作为佛教艺术的重要组成部分，其影响力不局限于犍陀罗地区，还通过佛教传播至整个亚洲，对中国西藏西部等地的佛教艺术产生了深远影响。

四、考古发现的新视角：近期的考古工作，如意大利亚非研究院在巴基斯坦斯瓦特地区的考古项目，为犍陀罗艺术的研究提供了新的视角和资料。这些工作基于可靠的地层发掘，即对大量石刻资料进行分类、描述，包括雕工工具、建筑模型、装饰纹样等内容。

五、艺术与社会结构的关系：犍陀罗艺术的研究也开始关注艺术与当时社会结构的关系，如雕像中的人物群像叙说着当时真实的生活，这一点在达尼教授等人的研究中得到了强调。

六、犍陀罗艺术的分期与影响：研究者开始探讨犍陀罗艺术的分期问题，以及其对周边地区（如文伽地区）艺术的影响。

这些研究结果不仅丰富了我们对犍陀罗艺术的认识，也为我们理解古代文明的交流与互动提供了宝贵的视角。随着更多考古工作的开展和研究方法的创新，犍陀罗艺术的研究将继续深化，为我们揭示更多关于古代世界的艺术与文化的秘密。

犍陀罗艺术研究新趋势：在对犍陀罗艺术的研究成果进行深入分析和讨论时，我们可以明显看到，犍陀罗艺术作为佛教艺术的重要组成部分，不仅在艺术史上占有重要地位，而且在文化交流和融合方面具有深远的影响。

艺术风格的融合与创新：犍陀罗艺术的研究结果表明，该艺术风格深受希腊—罗马以及中亚、南亚传统文化的影响，这一点与现有文献中提到的“犍陀罗艺术是由来自欧洲东南部巴尔干地区的马其顿国王亚历山大大帝东征中亚、南亚次大陆西北部地区时所带来的古典希腊文化与东方（中亚和印度次大陆）文化融合的结果”相呼应。这证实了犍陀罗艺术在风格上的融合与创新。

佛像的创造与传播：犍陀罗艺术在佛像创造上的贡献得到了实证研究的支持，与文献中提到的“犍陀罗艺术的主要贡献在于佛像的创造”相一致。这表明犍陀罗地区在佛教艺术形象化过程中起到了关键作用，推动了佛像的创造和传播。

文化交流的深远影响：实证研究表明，犍陀罗艺术的影响不局限于其发源地，还通过佛教传播至整个亚洲，这一点与文献中提到的“犍陀罗艺术……越过帕米尔高原流传到我国新疆西南部地区，为我国的绘画、雕刻、建筑、工艺美术带来了希腊罗马风韵”相符合。这进一步证实了犍陀罗艺术在文化交流中的重要作用。

艺术与社会结构的关系：研究结果中提到的犍陀罗艺术与社会结构的关系，与文献中提到的“印巴犍陀罗艺术研究的三个阶段”中的观点相呼应，该文献强调了犍陀罗艺术研究的本土化趋势，这表明艺术与社会结构之间存在着密切的联系。

犍陀罗艺术的分期与影响：实证研究结果中对犍陀罗艺术分期与影响的讨论，与文献中提到的犍陀罗艺术的发展和传播相一致，这有助于我们更深入地理解犍陀罗艺术的历史地位和文化价值。

综上所述，实证研究结果与现有文献在犍陀罗艺术的风格融合、佛像创造、文化交流、社会结构关系以及艺术分期等方面呈现出高度一致性，这不仅验证了现有文献的准确性，也为未来的研究提供了新的视角和思路。

本文力图揭示犍陀罗艺术在历史、文化以及艺术史上的重要地位和价值。犍陀罗艺术不仅是佛教艺术的宝库，还是古代文明交流与融合的见证。这项研究的主要意义在于：

一、历史与文化价值的重估：本研究强调了犍陀罗艺术在连接东西方文化、促进佛教艺术形象化过程中的关键作用，为理解古代文明的交流与互动提供了新的视角。

二、艺术风格的融合与创新：研究结果表明，犍陀罗艺术成功地融合了希腊、罗马以及中亚和印度次大陆的文化元素，形成了独特的艺术风格，这对后世的艺术发展产生了深远影响。

三、佛像创造的起源与传播：本研究证实了犍陀罗地区在佛像创造和传播中的重要作用，为佛教艺术史的研究提供了重要的参考。

四、文化交流的实证分析：通过对犍陀罗艺术的传播路径和影响力的分析，为研究古代文化交流提供了实证支持。

五、社会结构与艺术的关系：研究揭示了犍陀罗艺术与当时社会结构之间的密切联系，为理解艺术与社会结构的相互作用提供了新的见解。

笔者对未来犍陀罗艺术研究的思考和建议：

一、跨学科研究的深化：建议未来的研究可以采用更多的跨学科方法，结合考古学、艺术史、文化研究等多个领域的知识，以全面揭示犍陀罗艺术的多维度价值。

二、技术应用的创新：利用现代科技手段，如3D扫描和数字重建技术，对犍陀罗艺术进行更深入的分析和研究，以揭示更多细节。

三、文化交流网络的构建：构建一个包含犍陀罗艺术在内的古代文化交流网络，以更好地理解不同文明之间的互动和影响。

四、本土化与全球化的对话：探讨犍陀罗艺术在全球化背景下的本土化趋势，以及其对当代艺术和文化的影响。

五、教育与公众参与：加强对犍陀罗艺术的教育和普及工作，提高公众对这一重要文化遗产的认识和保护意识。

通过这些研究建议，我们期待未来的研究能够进一步深化对犍陀罗艺术的理解，为保护和传承这一宝贵的人类文化遗产做出贡献。

把这篇讨论犍陀罗艺术的短文作为《中国造像之美：丝绸之路上的石窟艺术与文明流变》这部书的“序言”可能会产生以点概全的误会，因为这部书中收录的论文其实是以介绍研究中国境内各地现存的古代佛教造像为主的。然而，中国早期的佛教造像几乎都与犍陀罗艺术颇有渊源，在造像题材和审美趣味上大多有所关联，因此，这篇序文也可以算作此书的一个“引言”，如能够给读者提供进入此书的“入口”，引导读者走进中国古代佛教造像艺术的美妙世界，也算是作者的一份小小功德。

作者系北京外国语大学艺术研究院院长、教授，教育部长江学者

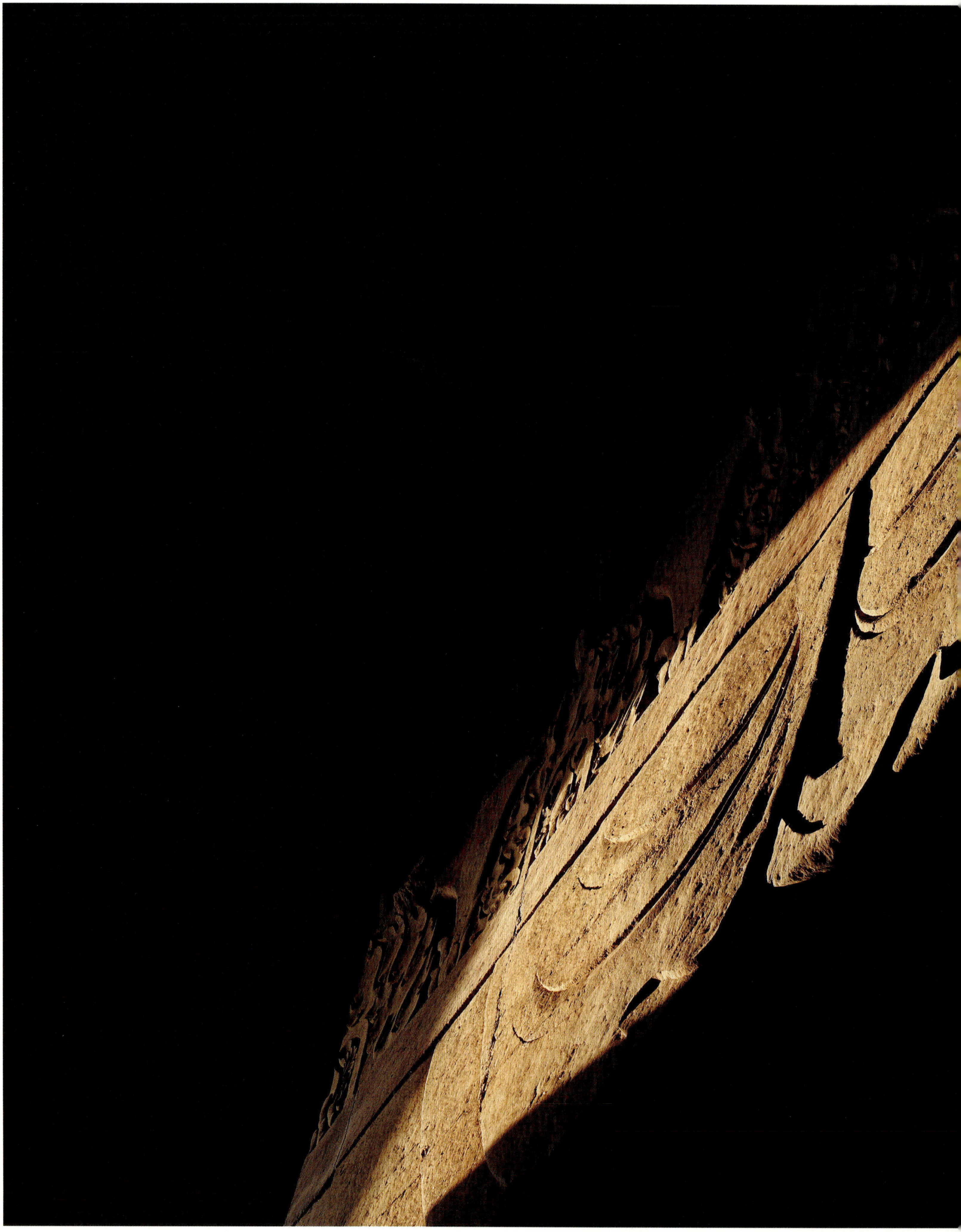

北齐　邯郸北响堂山石窟第9窟

佛陀立像 北齐 贴金彩绘 石灰石质 高115cm 山东青州博物馆藏

我国言艺术者，每以书画并提。好古之士，间或兼谈金石，而其对金石之观念，仍以书法为主。故殷周铜器，其市价每以字之多寡而定；其有字者，价每数十倍于无字者，其形式之美丑，购者多忽略之。此金钱之价格，虽不足以作艺术评判之标准，然而一般人对于金石之看法，固已可见矣。乾隆为清代收藏最富之帝皇，然其所致亦多书画及铜器，未尝有真正之雕塑物也。至于普通玩碑帖者，多注意碑文字体，鲜有注意及碑之其他部分者；虽碑板收藏极博之人，若询以碑之其他部分，鲜能以对。盖历来社会一般观念，均以雕刻作为“雕虫小技”，士大夫不道也。

然而艺术之始，雕塑为先。盖在先民穴居野处之时，必先凿石为器，以谋生存；其后既有居室，乃作绘事，故雕塑之术，实始于石器时代，艺术之最古者也。

此最古而最重要之艺术，向为国人所忽略。考之古籍，鲜有提及；画谱画录中偶或述其事而未得其详。欲周游国内，遍访名迹，则兵匪满地，行路艰难。故在今日欲从事于中国古雕塑之研究，实匪浅易。幸而——抑不幸——外国各大美术馆，对于我国雕塑多搜罗完备，按时分类，条理井然，便于研究。著名学者，如日本之大村西崖、常盘大定、关野贞，法国之伯希和（Paul Pelliot）、沙畹（Edouard Chavannes），瑞典之喜龙仁（Osvald Sirén）等，俱有著述，供我南车。而国人之著述反无一足道者，能无有愧？今在东北大学讲此，不得不借重于外国诸先生及各美术馆之收藏，甚望日后战事结束，得畅游中国，以补订斯篇之不足也。

——梁思成《中国雕塑史》

犍陀罗文明

文／孙英刚 何平

佛陀立像 约2—3世纪 灰色片岩 高250cm 巴基斯坦 白沙瓦周边 日本美秀美术馆藏

犍陀罗是古典时代人类文明的熔炉，印度文明、伊朗文明、希腊文明，以及草原文明在这里相遇、碰撞和融合，造就了独一无二的具有世界主义色彩的犍陀罗文明。这里是佛教的飞翔之地，佛教在这里获得新的活力，飞跃进入东亚，发展成为世界性宗教；这里是犍陀罗艺术的繁荣之地，东亚文明的很多宗教元素，可以在这里找到源头；这里是人类历史的一次“全球化”的尝试，轴心时代的五大思想高峰及其带来的文明成果，在这里完美地融合，希腊的哲学、神学、美学，和在印度发源的佛教、印度教、地方神祇，以及伊朗系文明中的琐罗亚斯德教，乃至弥赛亚信仰，彼此激发，形成了影响东方文明的佛教文明体系。其传入中国之后，中国的儒家、道教、阴阳五行等思想与之融合，成为中国文明的固有组成部分。大约从公元前400年到公元400年之间，犍陀罗，就是世界的中心，是人类文明交会的十字路口。

犍陀罗的地理位置非常特殊，处在亚欧大陆的心脏地带。在繁荣的时期，这片核心面积只有20多万平方公里的地方，成为丝绸之路的贸易中心和佛教世界的信仰中心。其西边是兴都库什山，东北是喀喇昆仑山。东边到印度河，南边是以白沙瓦为中心的平原，杰赫勒姆（Jhelum）河流过这里，形成了富饶的平原，造就了繁荣的农业区。贵霜帝国的首都，长期就置于白沙瓦平原上，以“布路沙不逻”（Purusapura，今白沙瓦）或者“富楼沙”等名字频繁见诸汉文史籍。穿越北部的山脉，就进入了古代的乌仗那地区，以斯瓦特谷地为中心。斯瓦特的犍陀罗浮雕古朴浑厚，很有地方色彩。在中国历史上扮演重要角色的高僧那连提黎耶舍就来自这个地区。而穿过西边的兴都库什山，就是古代的那揭国，也就是今天的贾拉拉巴德地区。在这里，醯罗城（Hidda）和那揭罗曷城（Nagarahara）是中土巡礼求法僧人礼拜的重点，从那揭往西北行，在兴都库什山中，就会到达巴米扬（Bamiyan），也就是玄奘笔下的“梵衍那国”。翻越兴都库什山，就进入了古代的巴克特里亚地区。这个地方在汉文史料中以“大夏”闻名，

圣物 约1世纪 犍陀罗地区 美国大都会艺术博物馆藏

希腊文化在这里繁荣了数百年之久，也是犍陀罗文明的重要组成部分。这些地区组成的大犍陀罗地区，由于得天独厚的条件，在数百年间，成为人类文明的中心。对中国来说，影响最大的还不是贯穿此处的丝绸贸易，而是在犍陀罗受到系统佛教训练的僧侣们，怀揣着对佛的执着，穿越流沙，将佛教传入中土。

在犍陀罗故地，遍布着数量众多的人类文明遗迹。除了作为文明中心的布路沙不逻和位于印度河以东的塔克西拉，还有北边的斯瓦特、位于贝格拉姆（Begram）地区的迦毕试故地、保存着众多佛陀圣物的那揭和哈达、汉文文献中提到的乌仗那国（布特卡拉遗址所在地）、马尔丹县的塔拜克遗址等，可谓星光璀璨。今天阿富汗的首都喀布尔以及巴基斯坦的白沙瓦地区，都在犍陀罗的文化和地理范围之内。距离喀布尔很近的艾娜克，以铜矿开采著称，贵霜时期，这里成为一个重要的经济中心和佛教信仰中心，出土了大量精美的佛教艺术品。

仅仅在塔克西拉地区的发现，就足以令人震惊。马歇尔爵士（Sir John Hubert Marshall）凭着自己对希腊克里特岛

菩萨半身像 4—5世纪 片岩 高76.2cm 犍陀罗地区 美国大都会艺术博物馆藏

塔克西拉法王舍利塔

挖掘的经验，为犍陀罗地区，尤其是塔克西拉（汉文文献中的“呾叉始罗”）的发掘倾注了毕生的心血。分属三个时期的古城，包括皮尔丘（Bhir Mound）、锡尔卡普（Sirkap）和锡尔苏克（Sirsukh），都出土了大量改变历史图景的遗迹和文物。锡尔卡普的双头鹰庙，是一座佛教窣堵波；法王塔（Dharmarajika Stupa）和焦里安（Jaulian）遗址、莫赫拉莫拉都（Mohra Moradu）寺院遗址等，见证了佛教在这里的繁荣景象。

数量众多的装饰盘和多达四十余位的希腊君主的钱币，见证了希腊文化在这里与佛教信仰及本土文化的融合。5 世纪初，法显在这里留学六年之久；他的后来者玄奘大师也在此停留两年，可见此处在佛教世界和网络中的地位。

犍陀罗在东方文献和西方文献中都留下了痕迹。中国西行巡礼求法的僧人们描述了犍陀罗的佛教圣迹和圣物，汉文译经很多来自犍陀罗地区，留下了诸如贵霜君主迦腻色伽供养僧团、推动佛教发展的记录。而古希腊罗马的史学家和旅行者，留下了自己的所见所闻。早在公元前 5 世纪，西方已经听闻犍陀罗之名。甚至在亚历山大东征之前，希腊商人和移民已经到达了巴克特里亚地区。中国史籍中现存最早的有关犍陀罗的记载出现在西汉时期，在《三辅黄

坐佛 3世纪 灰色片岩 犍陀罗地区 日本松冈美术馆藏

佛陀立像　约2—3世纪　灰色片岩　高111.2cm　巴基斯坦　白沙瓦周边　日本东京国立博物馆藏

青铜窣堵波　4—5世纪　高57.8cm　犍陀罗地区　美国大都会艺术博物馆藏

图》中记载，汉武帝曾赏赐给董偃千涂国上贡的玉晶，这个“千涂国”就是犍陀罗。魏晋南北朝时期汉文史料中出现的“罽宾”，比如《汉书·西域传》所指的罽宾，并不是今天的克什米尔，而是犍陀罗地区。在魏晋南北朝时期，犍陀罗是佛教的中心，这里“多出圣达，屡值明师，博贯群经，特深禅法”，而且保存着数量众多的佛陀圣物，还有最高的佛教建筑雀离浮屠。在印度本土，佛教反而衰落了。所以，很多西行巡礼僧人，在犍陀罗巡礼圣物和学习之后，并不渡过印度河继续前行，而是打道回府。

其实，犍陀罗文明的影响，并不局限于犍陀罗地区。其影响的范围，甚至越过葱岭进入塔里木盆地。一般而言，犍陀罗文明输出留下的痕迹，主要有两个，第一是犍陀罗的佛教艺术风格；第二是用佉卢文撰写的佛教和世俗文书。真实的历史很可能是：人类历史上真正意义的第一尊佛像，是在犍陀罗被“发明”出来的；同时，第一部真正意义上的“纸本”佛经，也是在犍陀罗被制作出来的。

从佛经来说，释迦牟尼于公元前486年涅槃，佛陀的教义基本上是口耳相传，并没有书面的文本存在。犍陀罗地

佛陀足印 约4世纪 青金石 高2.5cm 美国大都会艺术博物馆藏

佛陀坐像 2—3世纪 巴基斯坦，犍陀罗地区 日本东京国立博物馆藏

区是世界上最早出现和使用文本佛经的地区。佛经书写和犍陀罗语之间存在密切的关系：贵霜帝国鼓励佛教写经和文本文学，使大量口耳相传的佛教经典书面化。这推动了犍陀罗语的发展和繁荣。犍陀罗语也成为佛教早期经典的重要书写语言。甚至可以说，佛经的原典语言是犍陀罗语，而不是梵语。从 150 年左右，中国开始翻译佛经，可以说，中国的佛经最早就是从犍陀罗语翻译过来的。贵霜在其中扮演了主导性的角色。迦腻色伽等贵霜君主推崇大乘佛教的文本化经典，一方面，大乘佛教的文献从此被视为佛的指导，成为带有权威性的佛典——这些佛典被具有菩萨牺牲精神的佛教传法僧带到东方；另一方面，出现了大量佛教文学作品和佛教文本，迦腻色伽时代的世友尊者和马鸣菩萨，都是这一潮流中的佼佼者。比如《法句经》，1994 年在哈达地区发现的犍陀罗语写本时间大约是在公元 10 到 30 年之间，堪称世界上现存最早的佛教写本。犍陀罗语或者说佉卢文书的俗语，如同欧洲中世纪的拉丁语一样，在宗教传播中担当语言中介的角色。在梵语雅语和婆罗米文取代犍陀罗语之前，它都是佛教传播的重要媒介。

佛教在犍陀罗地区发生了重要的变化。传统认为，佛教是从印度传入中国的。严格说，中国所接受的佛教并非直接从印度传来，而是经过了中亚文明尤其是贵霜传统重新塑造的佛教。这些传统包括大乘佛教与小乘佛教的兴替、菩萨的出现、弥勒和阿弥陀信仰的兴起，乃至佛像的出现，等等。这些令人以为是佛教固有特征的内容，实际上并非印度早期佛教的东西，而是在贵霜等地重新添加和发明的。贵霜时代开启了佛教的一个重要时期：佛教发生了可谓根本性的变化，大乘佛教开始兴起，佛像出现，阿弥陀信仰、净土观念、弥勒信仰等诸多佛教以前并不具备的元素开始

佛龛浮雕（战争之神）
6世纪 灰色片岩 犍陀罗地区 高9.8cm 美国大都会艺术博物馆藏

佛陀头像
3—5世纪 灰色片岩 犍陀罗地区 高13.3cm 美国大都会艺术博物馆藏

出现，并为以后佛教传入中国奠定了基础。贵霜在佛教传入中国的过程中扮演了无可替代的角色。它在当时既是丝绸之路的枢纽，又是世界佛教中心。同时，希腊文明的特征被深深融入佛教，使佛教发生了根本性的变化，这种变化不但包括艺术风格的变化，比如佛像在这一时期产生了，也包括教义的变化，比如佛陀的形象从一个人间导师变成无所不能的神圣领域的统治者。

在犍陀罗地区，佛陀的形象出现了，并被赋予了很多特征。比如三十二相，成为佛教造像必须遵守的基本要求，也就是佛陀生来就有的三十二种异相，比如手过膝相、眉间白毫相等。很多学者认为，佛陀的形象应该是借鉴了王者的形象，并受到了不同文明的影响，比如白毫相，可能来自伊朗文明传统。犍陀罗的佛像静穆庄严，带有超越世俗的神圣美感，但同时又具有高度写实的精神。1833 年西方学者在喀布尔河畔发现禅定的佛陀形象，就猜测佛陀的形象带有鲜明的古希腊艺术风格。佛像的出现，可谓是各种文明融合的产物。富歇甚至认为，佛像是以希腊的阿波罗神像为模板塑造的，其发明者可能是巴克特里亚和犍陀罗的希腊居民。虽然现在对于佛像产生的地点仍众说纷纭，但是犍陀罗佛像独有的自由融合的艺术气质，应该是不同文明交流的结晶。犍陀

镶石榴石的金舍利盒 约公元50年
高6.7cm 来自犍陀罗毕马兰第二舍利塔 阿富汗
英国大英博物馆藏

菩萨半身像 约2—3世纪 灰色片岩 高31cm
犍陀罗地区 亚洲私人收藏

罗的佛陀雕像，多采用青灰色的云母片岩，塑造出佛陀静穆庄严的风格，让人有时光凝滞的感觉。

尽管历史上的释迦牟尼很可能从来没有到过犍陀罗，但是很多佛本生故事发生的地点，都被放在犍陀罗。大量的圣迹和佛陀遗物，造就了犍陀罗的佛教中心地位。佛陀自己没到过犍陀罗没关系，他的前世到过就可以了。在这些重要的佛本生故事中，最为关键的是燃灯佛授记——燃灯佛给释迦牟尼的前世儒童授记，给释迦牟尼在未来成佛提供神圣性和合法性，而这一关键的本生故事，其发生的地点，被放在了今天的贾拉拉巴德，也就是汉文文献中的那揭。通过佛本生故事再造圣迹，这是犍陀罗塑造自己佛教中心运动的重要组成部分。碰巧的是，在犍陀罗出土的佛本生浮雕中，数量最多的就是燃灯佛授记。这一主题，很多时候跟佛传故事放在一起，被视为佛传故事的开端。

犍陀罗艺术的重要特征，也是其成为人类文明结晶的原因，在于其艺术自由化和开放性。在犍陀罗佛教艺术中，可看到不同文明元素在其中扮演着自己的角色。佛陀庄严、贤明、仁慈的形象，有希腊美男子的风度，又带有本地社会生活的痕迹，白毫相甚至可能来自西亚的宗教传统。犍陀罗艺术既是高度宗教化的，又是世俗化的，两者很好地

菩萨 约5世纪 灰色片岩 高163.8cm 美国大都会艺术博物馆藏

佛陀立像 3—4世纪 灰色片岩 高92.7cm 美国大都会艺术博物馆藏

融合在一起。佛教强调众生平等，本就是一种包容精神。在婆罗门教将外来者称为“弥离车”（mleccha）并排除在种姓之外时，佛教的众生平等获得了希腊君主们的热烈拥护。与商业和都市的结合，让佛教从开始就跟富裕阶层结成紧密的联盟。物质的丰富给佛教的繁荣提供了基础。在苦行之外，供养和布施成为追求解脱的新法门。犍陀罗佛教文本如同图像一样，充满着对繁荣景象的描述：富丽堂皇的都市建筑、衣着华丽的仕女、喧嚣的街市等。但被翻译为汉语时，这些部分很多被裁掉了。如果对比马鸣的原始文本和汉文译经，能够清晰地看出这一点。犍陀罗曾经繁荣数百年的文明，在佛教传入中国后不久，就尽数化为泥尘，不复繁华。减掉这部分内容的描述，恐怕是担心混淆了译经的重点吧。可是，这些在当时的犍陀罗，才正是重点啊！

犍陀罗艺术吸纳了大量不同文明的符号、理念和神祇，造就了其世界主义的面貌和特征。佛教雕像中的帝释天、梵天本是印度教的神祇，在佛教里他们却臣服于佛陀；带有民间信仰特征的般阇迦和鬼子母，则混合了印度和希腊的理念与艺术形象；佛陀本生故事里，出现了迦楼罗；那伽或者“龙”作为佛陀的礼赞者或者异教的象征，出现在佛传故事里；希腊风格的装饰、建筑、神祇频频出现在各种佛教艺术中。作为佛陀“保护神”的执金刚神，形象来自古希腊的大力士赫拉克勒斯。其他的如风神、海神等，都在犍陀罗雕像中留下痕迹，并以之为载体传入东亚，对人类文明的发展产生了深远的影响。

作者孙英刚系浙江大学历史学院教授、博士生导师、东亚宗教文化研究中心主任、教育部青年长江学者

作者何平系犍陀罗学者、收藏家

巴米扬石窟大佛

巴米扬位于阿富汗中部兴都库什山的小盆地内。这里是古代丝绸之路上的重镇，石窟开凿时期（2—7 世纪）经历了贵霜和萨珊两大帝国。当佛教兴起于印度并沿着丝绸之路向中亚传播时，贵霜王朝辖内的犍陀罗地区产生了最早的佛教造像，这是一种受到希腊风格影响的雕刻艺术，在贵霜帝国统治下的阿富汗东部传播。到 5—7 世纪时，阿富汗已是伽蓝连路、金像连牟、钟磬之声相闻的佛教国度。犍陀罗艺术在这里与本地的笈多风格相结合，形成了犍陀罗艺术的西部分支，也称“印度—阿富汗”流派或“巴米扬艺术”。

巴米扬石窟是在全长约 1.5 千米、高约 100 米的摩崖上凿建的包括大小佛龛、僧房和会堂在内的共 750 个石窟，是现存的最大佛教石窟群，比我国新疆拜城的克孜尔石窟和甘肃敦煌莫高窟都要大很多。

这一佛教石窟群中最引人注目的是在主窟群东、西两端的龛状窟中各立着的一尊巨型石雕佛像，东边佛高达 33 米，西边佛高达 55 米，两尊大佛相距 400 米，东大佛身披蓝色袈裟，西大佛身披红色袈裟，佛像脸部和双手原来都涂着金色。

西大佛雕琢于 5 世纪，整座大佛像以岩石雕成，兼有犍陀罗与笈多时代马图拉艺术的特点，如身体比例粗短，这是犍陀罗雕刻常见的比例，同时它的衣纹又具有马图拉艺术的薄纱贴体，类似“曹衣出水”的特点。佛陀身披通肩式袈裟，薄薄的纱衣紧贴身体，产生半透明的效果。

巴米扬为连接印度、西亚与中亚的交通要道，东西方文化都在这里交汇，因此它也是佛教东传的历史见证地。当年的大唐高僧玄奘从长安到印度取经就曾途经此地，为巴米扬石窟大佛的壮观而赞叹。他在《大唐西域记》里将此地记为“梵衍那国”，他写道：“……伽蓝数十所，僧徒数千人，宗学小乘说出世部。王城东北山阿有立佛石像，高四五十尺，金色光耀，宝饰焕烂。东有伽蓝。此国先王之所建也。伽南东有石释迦佛立像，高百余尺，分身别铸，总合成立。”书中所描绘的雕像与庙宇应该就是指今天的巴米扬大佛和石窟群。

下图／远眺巴米扬
上图／炸毁前的巴米扬西大佛
左图／巴米扬大佛顶龛壁画

佛陀立像 4—5世纪 灰泥 巴基斯坦 日本东京国立博物馆藏

弥勒菩萨 约3世纪 灰色片岩 高163.2cm 犍陀罗地区 美国大都会艺术博物馆藏

佛陀立像 约2—3世纪 灰色片岩 犍陀罗地区 日本平山郁夫美术馆藏

犍陀罗艺术及其风格特点

文／［法］奥斯蒙德·波比拉赫齐
译／谢倩雪 戴怡添

佛陀头像 5—6世纪 灰泥 高19.1cm 阿富汗 美国大都会艺术博物馆藏

犍陀罗地区，位于今天的巴基斯坦北部及其毗连的阿富汗东部。在该地区诞生的犍陀罗艺术的特点是图像创作主题集中于对佛陀生平的描绘，风格独树一帜；使用片岩和写实主义的表现手法让人联想到希腊古典主义。跨文化的互动，使一种独树一帜、新颖而完善的艺术形式在犍陀罗诞生了。

犍陀罗艺术引介

犍陀罗艺术是公元 1 世纪到 5 世纪诞生于犍陀罗地区的一种具象雕塑。它的起源与佛教密切相关，在某种程度上也与印度教有关，因为这两种宗教在贵霜帝国（1—3 世纪前后出现于中亚和印度西北部的古国）时期都在印度盛行，体现了跨文化的区域因素。与其他形式的佛教造像艺术相比，特别是与阿玛拉瓦蒂（Amarāvatī，南印度的一种佛教艺术，是早期佛教艺术的三大流派之一）和龙树山（Nāgārjunakoṇḍa，南印度佛教遗迹）的造像相比，犍陀罗艺术的特点是图像创作主题集中于对佛陀生平的描绘，风格独树一帜，使用片岩（具有典型的片状构造的变质岩的一种，在犍陀罗地区很容易获得）和写实主义的表现手法让人联想到希腊古典主义。西方和东方文化的相遇催生了新的艺术形式，同时也推进了佛教和印度教的创新。自亚历山大大帝东征以来，希腊人在犍陀罗地区的存在是无可厚非的事实，但这些雕塑的出现，在很大程度上得益于波斯、罗马、帕提亚、斯基泰，尤其是印度文化的影响。多民族文化的互动，促生了一种既融合又独特的新式艺术，它被称为“犍陀罗艺术”。

犍陀罗地区，位于今天的巴基斯坦北部和阿富汗东部，这个地区是以曾经为波斯帝国的一个东部总督属地的名称来命名的，主要覆盖了肥沃的斯瓦特（Swat）河下游和喀布尔（Kabul）河流域以及印度河上游下段地区，围绕着古城布路沙不逻（Purusapura，今白沙瓦 Peshawar）和呾叉始罗（Takṣaśilā，今塔克西拉 Taxila）。纵观历史，

佛陀头像 约4世纪 灰泥
高18.4cm 巴基斯坦 犍陀罗地区 美国大都会艺术博物馆藏

菩萨头像 5世纪 灰泥
高50.2cm 美国大都会艺术博物馆藏

犍陀罗地区的边界在不断变化着，虽然在某些时期包括了整个斯瓦特河谷，但其领土的中心始终是白沙瓦山谷。在19世纪末至20世纪发掘的犍陀罗佛教遗迹中，塔克特依巴依（Takht-i-Bāhī）、萨尔依巴赫洛（SahrīBāhlol）、贾马尔加尔希（Jamālgahī）、拉尼加特（Rāṇigaṭ）、洛里扬·坦盖（Loriyan Tangai）、梅哈·桑达（Mekha-Sanda）、锡克里（Sikri）、贾尔瑟达（Charsadda）、布特格拉（Butkara）、塔克西拉、扎尔·德里（Zar Dheri）和什奈·萨（Shnai-sha）等遗址尤为突出。

人们普遍认为，正是在"伟大"的贵霜国王迦腻色伽一世（Kanişka I）统治时期，佛陀的拟人化形象被引入了印度艺术，特别是通过犍陀罗和马图拉（Mathurā）流派。在最早的佛教艺术，如巴尔胡特大塔（Bharhut）和桑吉大塔（Sāñcī）等遗址保存下来的艺术作品中，对于佛陀的表现不是用人的形象，而是以无偶像的方式，即早期佛教以雕刻莲花、法轮等作为佛法的象征。贵霜帝国在127年左右发展到顶峰，彼时的国君正是维玛·塔克图（Vima Taktu，贵霜帝国第二代君主）的孙子迦腻色伽一世。他将疆域扩张到包括今乌兹别克斯坦、塔吉克斯坦、阿富汗、巴基斯坦和印度北部等地区，直达恒河谷地

菩萨头像 3—4世纪 片岩 高27.2cm
犍陀罗地区 美国大都会艺术博物馆藏

佛陀头像 3—4世纪 黏土彩绘 高26.7cm
犍陀罗地区 美国大都会艺术博物馆藏

的中心。根据中国求法僧人玄奘法师的游记，这位统治者有几处寝宫，因时而居，分别在不同的季节入住：冬季在“印度诸国”，夏季在“迦毕试国”（Kapisa），秋季在“犍驮罗国”。（唐玄奘《大唐西域记》卷一《三十四国·迦毕试国》：“迦腻色伽王既得质子，特加礼命，寒暑改馆，冬居印度诸国，夏还迦毕试国，春、秋止健驮逻国。”）当时帝国首都很可能在富楼沙（Purusapura，即白沙瓦），而区域重要城市则在贝格拉姆（Begram，位于今阿富汗）、塔克西拉和马图拉（位于今印度）。虽然他试图通过尊崇拜火教（即琐罗亚斯德教，古代波斯帝国的国教）、希腊和印度教的神灵来促进宗教融合，但迦腻色伽一世最为人们所识的身份是佛教的重要供养人。根据“说一切有部”（Sarvāstivāda）的相关记载，正是迦腻色伽一世以皇权支持，召集五百比丘，在贾朗达尔或克什米尔组织、促成了佛教第四次结集。虽然对于迦腻色伽一世是否皈依佛法目前仍存在争议，但在他统治期间，佛教在犍陀罗盛行无疑。这位统治者对佛教建筑的最大贡献是他在巴基斯坦白沙瓦修建的石塔，玄奘法师描述它有600到700尺（约200米），并饰以珍宝。（唐玄奘《大唐西域记》卷二《三国·犍驮逻国》）

犍陀罗艺术中的释迦牟尼佛

与已发现的同时期印度佛教其他艺术流派石雕相比，在犍陀罗发现的释迦牟尼佛造像数量之多令人惊讶。许多都表现了带头光的佛陀形象，其右手结无畏印，左手握住衣角。这些造像，不仅来自马图拉和犍陀罗，还包括百乘王朝（Andhra dynasty，南印度德干高原上的一个王国，一般认为百乘王朝存在于公元前 1 世纪至公元 2 世纪，另有说法认为始于公元前 3 世纪）的作品，其造像特点是佛的肉髻和白毫，属于“大士（Mahāpuruṣa）”特有的三十二种相（lakṣana，指佛的三十二种显著特征）。根据《长部》（Dīgha Nikāya，《长部》是一部佛教经典。因所含经文的篇幅大都较长，故名。《长部》分三品，三十四经）中的《三十二相经》（Lakkhaṇa Sutta）记载，有蹼的手指和脚趾亦是“大士三十二相”之一，这也在不少雕塑作品中得到充分表现。然而概括来说，其他相并没有在印度佛教艺术中得到体现。

所谓佛传，就是表现佛陀生平的重要事件，包括从兜率天下降、觉悟到初转法轮，犍陀罗的艺术家们描绘佛传大概是遵照了梵文大乘佛教经典《普曜经》（Lalitavistara）中记录的时间顺序。《普曜经》可能是在 150 年由大众部（Mahāsāṃghikas，大众部亦称“摩诃僧祇部”，又简称“僧祇部”，是印度早期佛教派别。大众部的思想主张修菩萨道而成佛，是大乘佛教发源的源头）的一位僧人在犍陀罗创作的。几个世纪以来，该经典一直被重新解读和增补。当然我们不能排除以犍陀罗语描述佛陀生平的典籍在《普曜经》撰写之前就存在（但现已遗失），或未来还会发现类似典籍的可能。

最近被收入笔者所著《当西方遇见东方：犍陀罗艺术回访》（*When West Met East: Gandhāran Art Revisited*）一书的犍陀罗佛塔来自布内尔县（巴基斯坦西北边境省的一个县），其塔身装饰石板上的浮雕按照时间顺序描绘了佛传故事最重要的场景：太子（悉达多）乘白象入胎、摩耶夫人占梦、太子树下诞生、太子沐灌、阿私陀占相、宴请阿私陀、太子求学、宫中生活、离开皇宫进入御花园、四门出游（路遇病人和老人，悉达多决定出家）、太子决定离开皇宫、夜半逾城、白马吻足、与猎人交换衣服、白马与车夫携太子璎珞回宫、迦梨迦龙王（Nāga Kālika）礼佛、梵天劝请，佛陀涅槃（Parinirvāṇa）和荼毗。佛传中的其他情节，如第一次禅修和观耕、悉达多与耶输陀罗的婚礼、苦修、牧女献糜、降魔成道、初转法轮、造访迦毗罗卫城、忉利天下降、在忉利天为母及诸天讲说《阿毗达摩经》，诸多神迹在布内尔县佛塔的装饰石刻中并没有得到描绘。虽然它们在其他雕塑中也有出现，但通常不按时间顺序排列。

犍陀罗艺术中的弥勒菩萨

在上座部佛教和大乘佛教的语境中，弥勒菩萨将继释迦牟尼佛之后成佛。这就是为什么在早期的佛教文献中，弥勒菩萨是作为未来将出现在娑婆世界传授清净佛法的菩萨。《普曜经》记载，当佛陀要从兜率天投胎凡间时，他安慰那些为他的离开而悲伤的天神说：“弥勒菩萨将在兜率天内说法。”然后他从头上摘下宝冠，戴在弥勒菩萨的头上，并说：“尊贵的人，在我之后，你将得无上正等正觉。”

比起马图拉、阿玛拉瓦蒂和龙树山造像，犍陀罗地区发掘了更多与弥勒菩萨有关的艺术作品。在犍陀罗艺术中，弥勒菩萨的形象可以通过他的法器——净瓶来识别。目前没有任何其他证据可以质疑这个手持婆罗门祭祀用器皿（净瓶）的人物应是弥勒菩萨的身份，《普曜经》清楚地记载，弥勒在最后一世投胎为婆罗门。5 世纪由觉音（Buddhaghosa）所著《清净道论》（Visuddhimagga）中说道，弥勒将在未来出世，他的父亲是梵天（Brahmā），母亲是婆罗门（Brahmin）。

犍陀罗艺术中的观世音菩萨

观世音菩萨是诸佛慈悲的具体化表现，一般被认为是大乘佛教中最重要的菩萨。最早提到观世音的经典是《妙法莲华经》(Saddharmapuṇḍarīka Sūtra)，成作时间在公元前1世纪至公元1世纪间。由于《妙法莲华经》中对于观世音菩萨治疗能力的描绘，特别是提到其庇护海陆行商之人，这使得观世音菩萨拥有大批信众。事实上，随着犍陀罗山谷地区贸易之路的发展，这片肥沃的土地逐渐成为重要的文化交汇地。然而，独特的大乘佛教潮流对犍陀罗地区产生的影响程度却值得我们思考。根据安德烈·巴罗的说法，公元4世纪时，该地区存在大约19个早期佛教理论体系，但在佛教文献中，对这些理论体系的历史细节描述却极为模糊。

根据约翰·罗森菲尔德的说法，作为历史主要信息来源的铭文指出，在贵霜王朝时期，说一切有部和法藏部(Dharmaguptaka，佛教部派之一。释迦逝后三百年从上座部分出说一切有部和雪山部，后从说一切有部分出化地部等，从化地部又分出法藏部)占主导地位，而大众部则是作为少数派存在。此外，他还发现，“基于目前所知，似乎可以谨慎地说，在贵霜时期，绝大多数佛教雕塑虽仍然属于早期佛教，但其中元素在不同程度上体现出大乘思想”。那些书写于公元1世纪、与梵文版大乘要典《八千颂般若经》(Aṣṭasāhasrikā Prajñāpāramitā)形式相似的犍陀罗语写本(大英图书馆藏)的发现，揭示出观世音已为犍陀罗供养人和雕塑家所知。

在最早期的犍陀罗艺术中，想要从中辨识观世音是颇具挑战性的：古代犍陀罗地区的观世音形象在成为明确定型的图像系统之前——即从公元1世纪至4世纪(甚至更晚)的两到三个世纪期间是处在不断演变的过程中的。学者们普遍认为，这一阶段的观世音形象会在冠部有一个小的无量光佛(Amitābha)禅定坐像。众所周知，观世音通常被认为是无量光佛的化身，因此也是无量光佛的“精神之子”。

犍陀罗艺术的风格特点

法国驻阿富汗考古代表团前主任丹尼尔·施伦姆伯格

弥勒菩萨立像 2—3世纪 灰色片岩 犍陀罗地区 日本平山郁夫美术馆藏

佛陀头像 3—4世纪 灰泥 犍陀罗地区 日本平山郁夫美术馆藏

（Daniel Schlumberger）在他 1970 年出版的名著《希腊化的东方：希腊艺术及其在非地中海亚洲的传承》（*L'orient Hellénisé, L'art Grec Et Ses Héritiers Dans L'asie Non Méditerranéene*）中指出："从亚历山大大帝的征服到萨珊人的出现，非地中海东方的希腊化艺术是舶来的希腊艺术与当地工艺共存的产物。"他的论断被他的继任者保罗·贝尔纳（Paul Bernard）在阿富汗北部希腊化城市阿伊·哈努姆（Aï Khanoum）进行的发掘以及后来的考古学者在中亚和印度的其他考古发现所证实。

佛陀在鹿野苑第一次布道 2世纪 灰色片岩 28.6cm×31.1cm 美国大都会艺术博物馆藏

佛陀立像 3—4世纪 灰色片岩 高50.8cm 美国大都会艺术博物馆藏

希腊裔统治者在中亚和印度西北部地区享有自主权，这不仅可以从他们铸造的钱币风格中看出，还可以从他们的建筑、造型、石刻艺术和希腊语铭文中看出。法国驻阿富汗考古代表团在保罗·贝尔纳的带领下，于 1964 年至 1978 年期间发掘了规划良好的希腊化城市阿伊·哈努姆，这座城市无疑是希腊政权统治下建筑技术的最佳体现。法国考古学家发现的古迹中包括一座拥有 35 排座位的古典剧院，可容纳 4000 至 6000 人，以及古代最大的体育馆（100m × 100m）。在城市中发现的希腊诸神、哲学家和运动员的雕塑则是统治者文化的余绪。

犍陀罗艺术的混合性，很早就通过一种新的艺术形式体现了出来，即它所吸收的波斯和希腊艺术，被改编和转化为以印度历史为背景的舞台故事，并在贵霜王朝时期达到顶峰。犍陀罗艺术与先前存在的波斯、希腊、斯基泰和帕提亚艺术

的文化交流促进了整个地区艺术的印度化进程。以下以具体例证说明：

堤喀（Tyche），作为希腊的城市财富女神，她的形象经常出现在亚历山大大帝的希腊裔继承者们在印度铸造的钱币上。堤喀在佛教艺术中以丰饶之角（Cornucopia，起源于希腊和罗马的古典神话。因其装满果实和鲜花的形象，常在西方文化中作为丰饶富裕的代表物，以象征丰收。丰饶角常见于各种雕塑，往往与希腊、罗马的神话人物相伴。）为特征，在犍陀罗地区，她的形象与诃梨谛（Hārītī）含混在一起，经常与她的配偶财富之神般遮迦（Pañcika）一起出现，一如伊朗文化中的法罗神（Pharro）和阿道克狩（Ardoxšo）。堤喀意味着“财富”或“运气”，是阿佛洛狄忒和宙斯或赫尔墨斯的女儿，在希腊文化中信众颇多。后来，在罗马神话中，她作为管理一座城市财富与繁荣的完美守护神，即女神福尔图娜（Fortuna），经常被刻画成头戴雉堞冠（corona muralis）的形象，象征她对城市墙壁和塔楼的庇佑。诃梨谛，是象征母性的神祇，据说佛陀本人每日都需对她供奉食物。诃梨谛在佛教世界中被广泛崇拜，在犍陀罗以及印度和中国西藏地区，甚至爪哇都是如此。

金刚手（Vajrapāṇi），即“持雷电者”，是佛陀的护法。他的形象，继承了赫拉克勒斯（Heracles）的传统姿态，并以一种全新的形式诠释：希腊大力神手中的棒变成了手持的金刚杵（Vajra，雷电之意），在犍陀罗，他是世俗层面胜利的化身。阿尔弗雷德·富歇（Alfred Foucher）将金刚杵的功能定义为象征持有者魔力的工具。笔者认为，富歇的解释依然成立。劳拉·朱利亚诺（Laura Giuliano）认为：“至少在犍陀罗艺术的早期阶段，这个人物（金刚手）有可能被视为金刚杵的某种拟人化表现，他的形象进一步阐释了这个符号的价值和意义。”秦莫逆（Monika Zin）将金刚杵解读为钻石，是能够粉碎一切障碍的物体。

菩萨立像 3世纪 灰色片岩 高59.1cm 美国大都会艺术博物馆藏

酒神的场景与音乐家和舞蹈家 约1世纪 片岩 17.2cm×40.6cm 美国大都会艺术博物馆藏

在极少数情况下，金刚手持棒，而不是犍陀罗式金刚杵。如作为金刚手原型的赫拉克勒斯的形象，可以在统治巴克特里亚（公元前三世纪中叶希腊殖民者在中亚建立的国家）的国王欧西德莫斯一世（Euthydemus I）的金银币上看见，在阿富汗的绍托尔佛寺遗址中的一尊金刚手造像上也可以见到。其蓄须的面孔和肌肉发达的身体等特征，让人联想到利西普（Lysippus，古希腊古典后期著名雕塑家）所创作的赫拉克勒斯。在这件作品中，金刚手被描绘成战胜了涅墨亚狮子（即希腊神话中的尼米亚巨狮）的赫拉克勒斯的形象：其左肩上出现了狮头，狮子的皮毛盖住了他的背部，然后狮子的臀部位置位于正面，爪子则落在他左腿的外侧。这尊造像在外形上是希腊式的，但叙述的内容却是佛教的。有趣的是，化身为赫拉克勒斯的金刚手的形象并没有出现在同时期的印度佛教艺术中，如阿玛拉瓦蒂或马图拉。因此，赫拉克勒斯式金刚手的形象必须被解释为犍陀罗艺术的创新，它来自希腊化时期斯基泰和帕提亚的统治者留下的大量钱币、雕刻和雕塑。

狄俄尼索斯（Dionysos），酒神，他总是以乘坐用豹子牵引、用葡萄叶装饰的战车，并由凯旋部队陪伴的形象出现。他的护卫是西勒努斯（Sīlenus，古希腊神话中职司森林的神祇之一，酒神狄俄尼索斯的伴侣和导师，常以秃顶和厚嘴唇的老人形象出现）、巴克坎忒斯（Bacchantes，古罗马酒神的祭司）、萨提尔（Satyr，古希腊神话中半人半兽的森林之神）、潘（Pan，希腊神话里的牧神）和其他与繁育主题有关的神祇，如生殖之神普里阿普斯（Priapus）。从石棺上出现的一些浮雕可以看出，这是罗马艺术中的一个流行主题，而这个主题似乎也给犍陀罗的艺术家带来了灵感。布内尔的佛塔中出现了俗称纵酒狂欢的场面，描绘了天使们（Putti）收割葡萄的场景：用篮子搬运摘下的葡萄；在压榨盆里踩葡萄；发酵和分配葡萄酒；用山羊皮酒囊运酒；将酒倒入大罐子；在树下和岩石嶙峋的花园里喝酒，而仆人将酒囊里的酒倒进杯子，陶醉饮酒和调情的场景。

佛塔的这种布局很容易让人想起转轮王（Cakra-varti-rajan）宇宙观分界图。考虑到佛塔本身便代表了宇宙与陆地的实体化，在这里，佛传故事图像的再现和一排排的佛像可以分别代表人间（manuṣya）和天界（devas）。因此，在犍

酒神头像　4—5世纪　赤陶　高26cm　美国大都会艺术博物馆藏

佛本生故事 公元前2世纪 片岩贴金 22.2cm × 21.3cm
犍陀罗地区 美国大都会艺术博物馆藏

陀罗佛教的背景下，纵酒狂欢的装饰图像可以被理解为是象征着居住在人间和天界之间的药叉（Yakṣa，即夜叉，佛教中的恶鬼）。显然，飞升“世界山”（人间世界）上的下层天堂（天界之下）要容易得多，即使它们只是不可避免的轮回中转站。在最近的一项研究中，玛莎·卡特尔（Martha Carter）认为：“所有在亚洲地区罗马石棺上出现的狄俄尼索斯形象似乎都是凯旋的游行，没有佩戴任何兵器，因为他的对手显然是被魔法制服而非武力。在这些重要的浮雕

背后，蕴含着狄俄尼索斯秘仪中蕴藏的战胜死亡的含义。”

希腊太阳神赫利俄斯（Helios）和印度太阳神苏利耶（Sūrya）在犍陀罗艺术中的存在，是希腊文化和印度文化共融的体现。皇家安大略博物馆有一件悉达多太子像，造像的头巾上出现了太阳神的形象：菩萨衣着，身后有头光，乘坐着由迦楼罗之兄、车夫阿鲁纳（Aruṇa）驾驶的四马双轮战车。这幅图像是苏利耶和赫利俄斯的融合：阿鲁纳驾车体现了印度文化的影响，而四马双轮战车体现了希腊文化的影响。然而，这尊造像确实属于佛教题材，因为太阳神被表现成菩萨形象。我们应把这种组合理解为另一种按照佛陀—苏利耶这一概念对释迦牟尼的菩萨装表现。在印度、中亚和中国，太阳神的形象最早出现在佛教艺术主题中。摩诃菩提寺（Mahābodhi）、巴贾石窟群（Bhājā Vihāra）的围栏上出现的苏利耶形象，以及贾马尔普尔（Jamalpur，位于印度马图拉地区）的胡毗色伽精舍（Huviška Vihāra）门楣上的苏利耶形象，都表现了

金翅鸟击败纳迦族 2—3世纪 片岩 高33.3cm 美国大都会艺术博物馆藏

布施 2世纪 片岩贴金 犍陀罗地区 美国大都会艺术博物馆藏

佛陀涅槃 2—3世纪 灰色片岩 29.8cm × 41.1cm
犍陀罗地区 美国大都会艺术博物馆藏

佛陀“驱除无明黑暗”。同样，皇家安大略博物馆收藏的悉达多太子菩萨像的头饰中，结合了苏利耶和赫利阿斯的太阳神的打扮与菩萨相似，象征着佛陀将“消灭执妄黑暗”。虽然苏利耶崇拜起源于印度，但当它沿着丝绸之路穿越时空来到遥远国度的佛教中心时，在多元融合的背景下得以发展，巧妙地融入了来自不同文化的人们的情感、美学和哲学，最终创造出了新的艺术形式。

因此，犍陀罗艺术突出了印度艺术家吸收外来元素并在印度文化背景下重组它们的能力。贵霜帝国采用了有利于宗教发展的政策，犍陀罗艺术在它的统治下蓬勃

大力神和尼米亚猛狮搏斗的场面 约1世纪 灰色片岩 26cm×34.9cm
犍陀罗地区 美国大都会艺术博物馆藏

发展，该地区曾是各种政权和文明（如阿契美尼德、希腊、斯基泰和帕提亚）的摇篮。西来的文明在犍陀罗和大犍陀罗地区的肥沃土地世代延续，也催生出一种极具自然主义和叙事能力的创新艺术。犍陀罗艺术的特殊性还在于它能够同时使用西方和印度的艺术图像来叙述一个印度故事（即佛传故事、本生经和其他相关传说）。通过这些跨文化的互动，一种独树一帜、新颖而完善的艺术形式在犍陀罗诞生了。

作者系法国国家科学研究中心、巴黎高等师范学院教授

法流东派：跨过西喜马拉雅的犍陀罗艺术

文／罗文华

文殊菩萨 11世纪 黄铜 64cm×26cm×8.5cm
西藏西部或克什米尔 故宫博物院藏

2023 年 3 月，故宫博物院举办的“譬若香山：犍陀罗艺术展”，是故宫博物院举办的第一个犍陀罗艺术展。它的创新之处在第三单元“犍陀罗艺术的余韵”部分，即重点关注犍陀罗艺术是如何越过印度河上游状如蛛网的支流从斯瓦特（Swat）、克什米尔（Kashmir）和吉尔吉特（Gilgit）地区影响到西喜马拉雅地区的。这条通过高原丝绸之路的犍陀罗艺术传播之路，与广大观众耳熟能详的犍陀罗艺术通过西域、河西走廊，影响中土的路线完全不同。

犍陀罗艺术在 5 世纪中叶已经式微，长期浸淫其中的印度河上游地区涌现出众多的区域性风格，在斯瓦特、克什米尔和吉尔吉特三地形成了两种艺术风格，即犍陀罗／斯瓦特艺术风格（以下简称斯瓦特风格）和克什米尔／吉尔吉特艺术风格（以下简称克什米尔风格）。

三地的艺术风格延续的时间跨度各不相同，如斯瓦特艺术（6—11 世纪）、克什米尔艺术（6—14 世纪）与吉尔吉特艺术（6 世纪晚期至 8 世纪中期），但都对古代阿里三围（mNga’ ris skor gsum）产生过影响。

本文将重点介绍两种艺术风格是如何影响到阿里三围的。

从地形图上很清楚地看到，这三个地区位于世界屋脊帕米尔高原东南方的峡谷中，犍陀罗地区的斯瓦特与西喜马拉雅主要是通过上部印度河流域及其大小支流连接起来的。上部印度河流域在这一地区形成奇特的“八”字走向：印度河上游的狮泉河（Seng ge gtsang po）发源于中国西藏阿里地区（mNga’ ris）革吉县（dGe rgyas rdzong）境内冈底斯山脉（Mount Gang ti se）冈仁波齐峰（Gang rin po che）东北方向，因受到喀喇昆仑山南部与喜马拉雅山西部山脉的阻挡，转向西北方向，穿越拉达克地区（Ladakh），至吉尔吉特与克什米尔之间，又遇到兴都库什山及其支脉的阻挡，转向西南，冲出斯瓦特河谷，在犍陀罗腹地与西来的喀布尔河汇合，在旁遮普与东北来的各支流汇合，进入印度河平原，在印度河三角洲注入阿拉伯海。

正如人们所看到的，印度河上游穿行于高山峡谷之间，兴都库什山、喀喇昆仑山、喜马拉雅山之间的高海拔山地，气候寒冷，土地贫瘠，交通不便。直到今天，很多人仍然难以理解，古代的先人们是如何仅凭畜力和贫乏的物质条件在这片高寒雪域、荒凉偏僻之地生存、繁衍的。

实际上，上部印度河流域从公元前开始就存在着多条商路，将犍陀罗地区、克什米尔、吉尔吉特和青藏高原连接起来，以山羊绒、羚羊绒、金、盐、铁、铜、青金石、麝香的交易为核心，将青藏高原西部与丝绸之路持久且紧密地连接在一起。正是通过人们频繁的商业贸易往来，这些孤立的高原定居点最终与丝绸之路的主干线连接在一起，形成广阔的“高原丝绸之路”。这条位于上部印度河谷的商路也成为中国与南亚次大陆文化交流的重要通道。

从斯瓦特河谷溯印度河出发，在吉尔吉特地区分出两条支线，即向北穿过兴都库什山和喀喇昆仑山之间的吉尔吉特河谷、瓦罕走廊可以进入新疆塔里木盆地，主要影响到中国汉地佛教文化与艺术的发展，这条路线就是传统的罽宾道、陀历道和勃律道；或继续溯河而下，向西南通过斯卡杜（Skardu）进入拉达克地区。在拉达克的卡尔吉尔（Kargil）向南可以进入克什米尔地区；或继续前行由列城（Leh）沿印度河到达阿里地区，影响到古代西藏西部藏传佛教文化与艺术的发展。上部印度河谷如同一条丝带将斯瓦特、吉尔吉特、克什米尔三个文化艺术中心与阿里三围串在一起，成为高原丝绸之路重要的纽带。对于前者，大家耳熟能详，但是对于后者多数人不甚了解，而这正是本文所要重点介绍的内容。

乌仗那：残缺的圣地

我们只能依据河谷中大量保存的摩崖石刻和散落世界各地的金铜造像，才能想象出犍陀罗艺术消亡以后，上部印度河流域佛教艺术的面貌。我们首先从斯瓦特出发。

斯瓦特地理位置相当于今巴基斯坦北部开伯尔—普什图省（Khyper-Pakhtunkhwa）东北部，传统犍陀罗地区北部，地形封闭，周围雪山环抱，有斯瓦特河流过，汇入喀布尔河。中国文献中一直称此地为“乌苌”“乌场”“乌长那”“乌仗那”等，梵文有 Oiyāna/Uiyāna/Uāyāna/Udyāna 等各种不同拼法，藏文称为 U rgyan（邬坚）。

这里是重要的佛教中心与圣地，从 5 世纪至 7 世纪，中国求法者、朝圣者如法显、宋云、玄奘等先后到此巡礼，记录了斯瓦特河谷中佛教的状况。这里先后流行过声闻乘、大乘佛教和金刚乘佛教，与藏传佛教关系甚密。著名的乌仗那国王因陀罗菩提（Indrabhūti，8 世纪初）即生活在此地，据说莲花生大师即其法子，是从池中莲花上诞生，抱为王子，长大后，以修行密法有成，于 8 世纪受吐蕃赞普赤松德赞和寂护的邀请来到西藏传播佛教，建立桑耶寺（Sam yas mgon），并剃度藏族青年出家，从而奠定了藏传佛教发展的基础。1256 年，竹钦邬坚巴·仁钦贝（Grub chen U rgyan pa Rin chen dpal, 1230—1309 年）造访斯瓦特地区时，提到拉依卡城（Rayika）就是因陀罗菩提的都城遗址，城中有因陀罗王所建寺庙，供奉了佛陀、度母和观自在等石像。11 世纪初，受到来自中亚突厥人建立的伽色尼王朝（Ghaznavids，962—1186 年）的打击，佛教逐渐衰微。尽管如此，斯瓦特作为藏传佛教圣地的崇高地位一直保留

思惟莲花手观音像 7—8世纪 花岗片麻岩 113cm×78cm×11cm
斯瓦特地区 塞杜·沙里夫佛塔出土 斯瓦特博物馆藏

斯瓦特塞杜·沙里夫郭达罗的三尊菩萨摩崖造像

至今。历史上，有许多的竹巴噶举派僧人到斯瓦特地区朝圣，其中最有名的当属13世纪西藏高僧竹钦邬坚巴·仁钦贝。他在斯瓦特主要是朝圣、修行密法，并未提及拜访上师和入寺修行。可见，当时斯瓦特本地的佛教活动基本已经消失了。

根据意大利考古学家的成果，斯瓦特地区的摩崖造像集中分布在斯瓦特河两岸，以首府塞杜·沙里夫（Saidu-Sharif）和周边城市蒙戈拉（Mingora）为中心的地区。

塞杜·沙里夫的郭达罗（Gogdara）摩崖造像中有三尊游戏坐姿（lalitāsana）菩萨，正中形体较大的是一尊思惟像，左手持莲花，右手指向面颊的特点清晰可见，与斯瓦特博物馆保存的塞杜·沙里夫佛塔出土的7—8世纪的思惟莲花手观音像如出一辙，连坐式都极为相近。类似的摩崖造像在斯瓦特河谷中保存数量最多。思惟像由犍陀罗发明，在斯瓦特非常流行，在西藏保存的斯瓦特造像中类似的造像数量不少。故宫保存的一件思惟观音像就是很好的例子，其台座为独特的藤床，也有犍陀罗艺术的痕迹。思惟菩萨像经西域传入中原地区，在汉地佛教造像中流行，却不见于此后藏传佛教造像中，这是一个非常值得注意的现象。

斯瓦特的佛陀造像数量也很多，仍然采用了犍陀罗式的姿势，左手持衣角，右手施与愿印或无畏印，其特点是双手向外张开，全跏趺坐姿双膝多超出莲座台面。莲座的莲瓣饱满，张力十足，或直接着地，或下加地平，或承以山

思惟莲花手观音 7—8世纪 黄铜
17.4cm × 9cm × 5.1cm 斯瓦特地区 故宫博物院藏

斯瓦特蒙戈拉的芒噶拉瓦摩崖佛陀像

石台座。蒙戈拉的芒噶拉瓦（Manglawar）曾经是上斯瓦特的重要城市，应是玄奘所称“瞢揭厘”，悟空所称“茫勃”，竹钦邬坚巴·仁钦贝的传记中提到，邬坚国王因陀罗菩提曾经创立过一座叫 Manglaor 的寺庙，寺庙周围有很多石刻的佛像、观音、度母等。学者们相信，Manglaor 应当就是今天的 Manglawar。

在该城的路边崖壁上雕有一尊佛陀像，高约 7 米，佛陀双手施禅定印，着衣褶密集的袈裟，坐于单层覆莲座上，莲座下承长方形台座，兼具犍陀罗造像和西域造像的特点。1926 年，斯坦因曾经到此进行过考察，根据他的记载，在崖壁下面的果园中有寺庙建筑遗址，还有泉眼；摩壁之山上有佛塔遗迹，其周围分布着众多的古代题记和造像遗迹，可以想见，这里曾经应是一座重要且活跃的佛教中心。该佛陀像位于高大崖壁上，虽然历尽劫波，却一直保持完整。2007 年，由于恐怖分子的破坏，其脸部严重受损。2012 年以来，经意大利考古队陆续对其进行了脸部修复，才恢复了原貌。

在“譬若香山”展览中有两件展品展示了斯瓦特造像神秘的一面。其中一件是身份不明的石造像。展览说明牌上只简单标作“菩萨像”，说明其身份晦昧难明。其形象作菩萨装，全跏趺坐，左手似持碗形器，右手似未有持物。左右有

坐姿菩萨与胁侍 7—8世纪 大理石
94cm × 52cm × 11cm
斯瓦特地区蒙戈拉的芒噶拉瓦出土 斯瓦特博物馆藏

弥勒佛 9—10世纪 黄铜
15.8cm × 5.5cm × 5.3cm 斯瓦特地区 故宫博物院藏

二胁侍，左为女性，右为男性，持物亦不明。意大利学者虽然谨慎地将其定名为大成就者（siddha），却又推测可能是最早的莲花生像，由于他与后世藏传佛教莲花生形象相比，除了左手持碗形器（嘎巴拉碗）相近之外，其他均不契合，其结论仍待商榷，不过，这一结论揭示出斯瓦特密教的发展对西藏的影响，结合莲花生于8世纪来西藏传法的历史故事，佛教信众的心态颇有意味，反映了长期以来藏传佛教信众们深藏内心的对于找到莲花生家乡遗迹的渴望。

另外，这尊黄铜造像也是“譬若香山”展览斯瓦特造像中极为独特的造像之一。此像立姿，着通肩式袈裟，是为佛陀像无疑。独特之处在于，此佛陀像戴宝冠、项链、手镯和耳环，与宝冠佛（Crowned Buddha）的特征比较一致，不过，佛陀像有肉髻，却没有发辫，而此造像明显有发辫垂落肩头，这与传统的宝冠佛不同，发辫是菩萨的特征，显然，这是一尊着佛装的菩萨像。仔细观察，他的左手持带提篮的水罐极为独特。有人误认为是提篮观音，当然是错误的，提篮观音由汉传佛教发明，不可能见于9世纪的西北印度。意大利考古学家综合斯瓦特河谷的发现认为，此尊当为弥勒菩萨，只是将军持瓶（Kundikā）换为带提兜的水罐而已，右手手心虚握，朝上，似持物，与斯瓦特河谷

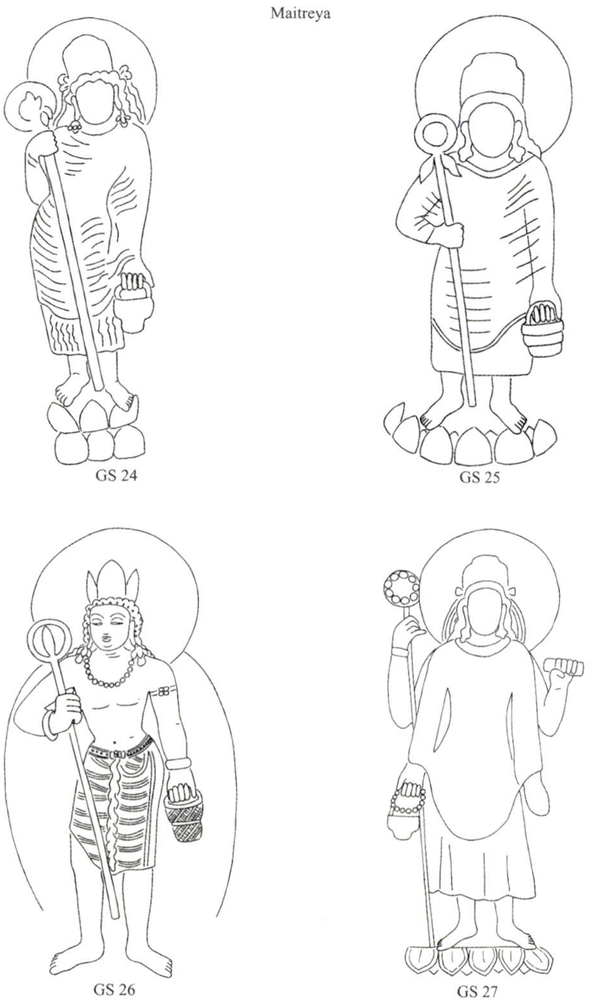

中的弥勒菩萨持锡杖做法颇为相似，也与犍陀罗艺术中弥勒菩萨作为苦修者形象一致。弥勒像在犍陀罗时期非常流行，同时兼具佛与菩萨两种形象，此像是否正是这两种形象的合体呢？

故宫保存的一件四臂观音像具有重要的历史价值。四臂观音属于晚期密教观音化现之一，四臂，持物仅可见到左下臂持军持瓶，其余尽残。从其正中冠叶有无量光佛小化佛像来看，可确认是观音。在斯瓦特晚期造像中，四臂观音像并不少见，此尊造像最独特之处是在其覆莲六瓣莲花上凿出一行藏文：a kye rgyal chog U rbyen rne yon byas。汉译为：阿杰嘉确乌坚那施供。

这段文字有两处值得注意，首先是 yon 的写法是上下结构（ཡྣོ）而不是现代写法的左右结构（ཡོན），与吉尔吉特北部靠近兴都库什山口瓦罕走廊 1—2 号点发现的藏文题记这个字的写法完全一致。rgyal chog 之间也没有隔字符(tsheg)，也与摩崖石刻上的藏文写法颇近。夏吾卡先认为，这是吐蕃时期的遗存，约为 8—9 世纪初。其次，U rbyen 一词与乌坚（U rgyan 或 O rgyan）颇为接近，是否有可能就是乌仗那的另一种拼法呢？字迹凿法粗重，线内涂有颜料，前面还有两个圆孔，似是早期供奉留下的痕迹。笔者推测，此像将藏文刻

释迦牟尼佛 7世纪初至10世纪初 黄铜错银 高42cm 克什米尔或新疆和田地区 新疆和田地区博物馆藏

斯瓦特河谷发现的弥勒摩崖造像线描图 见Anna Filigenzi, 2015, p.159

在这个位置上似非原作时所刻，应是后加，是否为8—9世纪入供西藏某寺庙时，来自西藏的某捐赠者所加？当然也不能排除10世纪以后的可能性。

斯瓦特造像风格的影响沿印度河往东，经克什米尔、吉尔吉特一直到藏西地区。在上路弘法之时，西藏寺庙收藏了很多来自斯瓦特的造像，但其影响已经经过克什米尔的过滤，部分影响并未深入阿里地区，比如思惟像不见于阿里三国创作的作品中。其他的艺术特点，如佛的袈裟和菩萨的犊鼻裈紧贴身体、肌肉强劲、双目大睁、双狮垂幔座式、山石座、背光、衣纹等特征一直影响到整个上部印度河流域。

吉尔吉特：文明交流的十字路口

吉尔吉特是上部印度河谷的交通枢纽，四通八达。汉代开始，这里就是著名的罽宾道的重要关口，中国使节和求法高僧往来不绝。南朝宋释智猛（4世纪前后—453年）就是由此地进入克什米尔的。北魏使者宋云和僧惠生也是由此进入印度的。根据摩崖石刻记录，中国学者马雍曾介绍过吉尔吉特一带发现的7处北魏至唐代的汉文摩崖题记。公元400年，据东晋僧法显的记录，在陀历（Darel，今天吉尔吉特—巴尔蒂斯坦西南陀丽川一带）有木雕弥勒像，“长八丈”，代表了契拉斯（Chilas）河谷一带佛教的繁荣。故这条路线又称为陀历道。汉文文献中，有关它的地名很多，如波伦、钵卢勒、钵露勒、钵露罗、钵罗、勃律（Paṭola Sāhi）等，在吉尔吉特的抄本上和契拉斯北部赫达（Hodar）摩崖石刻的题记中均提到勃律的不同写法（Palalo/Palala/Palolo）及其国王的名字。藏文称此地为Bru sha、Bru zha等，相当于今天吉尔吉特—巴尔蒂斯坦地区。为行文方便，本文统一称勃律。

约在631年，玄奘到此地时对其记录得最为详细：“钵露罗国周四千余里，在大雪山间，东西长，南北狭。多麦豆，出金银，资金之利，国用富饶。”由此可知，勃律以铸造精美铜造像而广为人知，且多由国王、王后和大臣等贵族施造，乃由国富多金银之经济条件所决定的。

勃律是古代高原丝绸之路极为重要的十字路口，首先，从喀布尔河谷与斯瓦特河谷经吉尔吉特北部，通过洪札（Hunza）地区，穿越兴都库什山与喀喇昆仑山之间的缺口，到达喀什。这就是古代的罽宾道，是早期中巴交通的道路之一，犍陀罗佛教由此影响到中原地区，是汉传佛教的重要文化走廊之一；其次，7—9世纪间，为争夺对丝绸之路的控制权，吐蕃王朝与唐王朝在河西、青海和勃律等广大地区进行了长期的拉锯战，而在勃律的争夺，其核心就是掌控吉尔吉特进入瓦罕走廊这条控制西域的重要通道。

新疆和田达玛沟出土的一尊黄铜佛像颇受学者们的关注。此像现存于新疆和田地区博物馆，长方形台座正面有前夏拉达字体（Proto-Śāradā）梵文题记。题记中提到此像是一名军官Dholaka及其妻子Narāyāsārvati，其母亲Padmasukhā，其儿子Muasigha, Puyasigha和Khukhethāla等共同施造供奉，年代大致在725年。此像毫无疑问是一尊出自勃律的造像。有学者认为，这尊像在和田的出土是吐蕃占领和田时期，吐蕃军官及其眷属共同参与佛事活动的重要证明。此尊造像并不是当地铸造的，很有可能是通过勃律道，从吉尔吉特带到和田来的。和田发现的这尊勃律造像很好地诠释了勃律对于吐蕃时期佛教传播的重要性。

在玄奘的描述中并未提及吐蕃对勃律的影响。随后不久，约在634、635年，吐蕃开始了向西扩张的步伐，约于 644 年完全征服了杨同（即象雄），随后才抵近并征服勃律。大致在 692—694 年间，吐蕃控制了大勃律。

大约在 727 年前后，新罗僧人慧超 (704—787 年) 路过此地，记录了大勃律和小勃律的分裂，大勃律已为吐蕃所控制的情况，特别强调"若是已东吐蕃，总无寺舍，不识法"，很可能暗示在吐蕃时期直到 8 世纪，甚至更晚，西藏西部的佛教尚未发展起来，当时佛教发展的中心是在卫藏地区。勃律对于藏传佛教发展的重要性在 10 世纪晚期的后弘初期更为明显。

1979 年 11 月，中国与巴基斯坦共同完成喀喇昆仑公路的建设，道路修建完成以后，学术研究也得以顺利展开。巴基斯坦伊斯兰堡真纳大学与德国海德堡大学联合考察队以及法国巴黎法兰西学院所属亚洲研究所共同在这一地区进行了长期的调查，发现了沿途 1.5 万处铭文和 10 处以上的岩画，并且对这些铭文、岩画做了编号、辨识和解读。

考察发现，摩崖石刻从公元前 1 世纪开始，5—8 世纪居多，晚至 10—11 世纪。这与汉文文献中记载的喀喇昆仑路线的古代开通时间接近。其内容有人物、动物、符号、佛塔、佛教造像、多语种铭文（如卢文、婆罗米文、粟特文、藏文、大夏文和汉文等），这些遗存主要集中在吉尔吉特河谷和契拉斯一带，学者们由此判断勃律国的政治中心应当在此区域内，其影响很可能进一步渗入了相邻地区，比如斯瓦特和克什米尔。

耶特马尔（Karl Jettmar）教授和封兴伯（Oskar von Hin ü ber）教授对勃律的研究成果丰硕，尤其是封兴伯教授的《勃律沙希史》一书，从吉尔吉特与契拉斯两地发现的摩崖石刻铭文、铜造像铭文、抄本题跋和经咒入手，综合讨论了古代勃律的历史以及王统世系。勃律王统世系的梳理对于我们今天对带有前夏拉达字体铜造像的时代、产地的判断有极大的帮助。大约从 2 世纪到 6 世纪，印度西北地区普遍使用的是婆罗米字母的"圆形字体"。然而就在 630 年左右，"圆形字体"突然被前夏拉达字体取代了。与字体突然转换相平行的正是当地统治家族勃律沙希（Paṭola Sāhi）称号的出现，二者之间看似有密切的关联。而随着勃律王于 740 年前后淡出历史舞台，前夏拉达字体也似乎渐渐不再被使用。

此次展品中，四件故宫铜造像均有前夏拉达字体的铭文，其艺术风格介乎斯瓦特、克什米尔之间，可见这时期勃律的造像同时受到两种风格的影响，其中克什米尔风格的影响尤为明显，学者多将勃律造像视为克什米尔风格的一部分也有其道理。

通过对前夏拉达字体铭文的解读，尤其是对照国王的名字，可以准确判断其造像的年代，这对于斯瓦特和克什米尔地区的造像缺乏标准器，导致断代困难的现象带来一定的改变。

吉尔吉特斯卡杜发现的一块巨大的摩崖石刻 上面表现了诸佛坐像22尊

金刚界曼荼罗之西门守护之金刚锁菩萨（Vajra-sphota） 11—12世纪
银错红铜 高16cm 私人收藏

后弘初期，即10世纪晚期至11世纪，西喜马拉雅地区佛教复兴，勃律王朝虽然消失了，但吉尔吉特的佛教传统依然在延续，对初兴的古格王国(Guge Kingdom)仍有相当大的吸引力。据古格王国的国王兼法主耶歇沃（Ye shes'od）传记的记载，当时其长子那嘎罗（Nagaraja）曾从克什米尔的巴达赫尚（Pa dag shang）的东吉果莫（Dung gi sgo mo）请来大量的工匠铸造一些大体量的铜胎达赫尚（Dag Shang）样式的释迦牟尼佛像、按照显密经文所述的40种如来像、纯银（dngul ga ra lung）铸造瑜伽品（Yogatantra）金刚界曼荼罗（Vajradhātu-Mandala）全部众神、银胎胜乐金刚曼荼罗（Cakrasamvara-Mandala）和法界语自在曼荼罗（Dharmadhātu-Vāgīsvara-Mandala）众神等。巴达赫尚是阿富汗最东北一省，也即我们所熟知的瓦罕走廊一带，吉尔吉特北部。如果这条史料可靠的话，10世纪晚期至11世纪初，古格王子那嘎罗仍在吉尔吉特（勃律故地）延请工匠为阿里造像。这与13世纪邬坚巴的记载可以相互印证。也许，现存诸多古格的银胎曼荼罗尊像即出自此次大规模造像也未可知。在斯卡杜发现的一块巨大的摩崖石刻，有人称之为曼荼罗，其实是不准确的，正中是施触地印释迦牟尼佛，周围环绕着22尊佛像，其象征意义并不明显，但显而易见的是这不属于任何一个曼荼罗的系统。要准确为其断代并不容易，仅从其风格具有波罗艺术的影响这一点来推断，应是后弘初期从东北印度所引入，可能与古格国王强秋沃（Byang chub 'od) 延请东印度高僧阿底峡（Atiśa）到古格传法所带来的波罗艺术的影响有一定的联系。

虽然我们无法判断吉尔吉特艺术是否在吐蕃时期曾经影响到西喜马拉雅地区，但吉尔吉特对后弘初期西藏佛教艺术的发展仍然扮演着重要角色。

克什米尔与阿里三围：藏传佛教起飞之地

从吉尔吉特溯印度河向东南去就是古代的阿里三围，与吉尔吉特隔印度河相望的正是重要的佛教文化与艺术中心克什米尔。

克什米尔以小乘教法著称，阿育王时曾在此举行过第三次佛教大结集。5世纪初期，又有大乘经典传入中国。7世纪末，许多来自此地的沙门来到中国翻译经典，译出大、小乘经典，与此同时密教也很盛行。7 世纪时，玄奘法师由犍陀罗入克什米尔，在此停留 4 年，学习小乘教义。其时，当地有寺院 300 余所，灵塔瑞像极多。

《大唐西域记》有记 ：“国为龙护，遂雄邻境。容貌妍美，情性诡诈。好学多闻，邪正兼信。伽蓝百余所，僧徒五千余人。有四窣堵波，并无忧王建也，各有如来舍利升余。”慧超到此，曾亲见 8 世纪初“(克什米尔) 王及首领、百姓等甚敬信三宝”，“上至国王、王妃、王子，下至首领及妻，随其力能各自造寺也”。

有关克什米尔历史的晚期史料，以《克什米尔王统记》一书最为重要，为学术界所推崇。它的著者为迦尔诃纳 (Kalhaṇa)，生于 12 世纪初，是一位坚定的湿婆教徒 (Saivite)。在参考当时保存的一些史料的基础上，他于 12 世纪中叶完成了这部印度史上极为重要的诗歌体史书。

据该书记载，7 世纪前后，一位名为杜尔罗跋·伐尔檀那 (Durlabha vardhana，约 598—634 年) 的人在克什米尔建立了迦尔郭吒 (Kārkoṭa) 王朝 (约 625—855 年)。玄奘到克什米尔时，正值此王当政。在他统治期间，克什米尔的国土得到进一步的扩张，并在拉里塔迪亚 (Lalitāditya，699—736 年) 统治时期达到顶峰，也是此地印度教、佛教的繁荣时期，大、小乘佛教并行于世，同时奉行密教，王国上下信佛之风很盛，造寺塑像活动十分活跃。这尊释迦牟尼佛像收藏在布达拉宫，最初由古格国王耶歇沃的次子那嘎罗收藏，台座正面题记分为上下两部分，上一部分为 ：

Lha btsun Na ga ra ja's thugs dam (圣那嘎罗之本尊)

座下沿原刻的前夏拉达字体提到，此像是一名叫毗耶流支 (Priyaruci) 的比丘所供施，时值国王室哩杜罗迦 (Srī Durlabha) 击败众敌，拯救苍生之时。学者们认为这位国王正是克什米尔迦尔郭吒王朝的开国君主杜尔罗跋·伐尔檀那。

856 年，阿般底帕曼 (Avantivarman，856—888 年在位) 即位，乌特波罗王朝 (Utpala Dynasty) (856—939 年) 开启。之后，王朝国力日渐衰落，佛教受到压制，佛教进入衰退期，印度教的影响力更大。其王哲玛掬多 (Kemagupta，950—958 年在位) 娶犍陀罗与喀布尔的统治者比玛·沙希 (Bima Sahi) 王族的孙女迪达 (Didda) 为王后 (980—1003 年)，在克什米尔首府斯里那加的斯里·普拉塔普·辛格博

示善趣观自在 10世纪晚期 黄铜错银 高25cm 克什米尔 斯里·普拉塔普·辛格博物馆藏

释迦牟尼佛 黄铜错红铜 7世纪初 高94cm 布达拉宫藏

物馆（S.P.S Srinagar）保存了此王后在位时建造的一尊示善趣观自在（Sugatisandarana Lokevara）像。

洛诃罗王朝（Lohara Dynasty, 1003—1339 年）时期内忧外患，内有社会进入全面衰退，外有伊斯兰军队的入侵压力，社会动荡不堪。1346 年，萨哈梅罗（Sahamera）登上克什米尔的王座，宣布伊斯兰教为国教，佛教与印度教从此陷入穷途末路，最终走向消亡。尽管如此，克什米尔仍然是西喜马拉雅地区与佛教复兴和发展相伴时间最长的佛教与艺术中心。

从地形上看，克什米尔状如卵形，群山环抱，印度河的另外一条大支流杰拉姆河（Jhelam）由东向西穿过克什米尔谷地。《大唐西域记》提到克什米尔国，“周七千余里。四境负山，山极峭峻，虽有门径，而复隘狭，自古邻敌无能攻伐。国大都城西临大河，南北十二三里，东西四五里。宜稼穑，多花果”，对其地形环境描述极为精准。《悟空行记》云：“其国四周山为外郭，总开三路，以设关防。东接吐蕃，北通勃律，西门一路通乾陀罗。别有一途，常时禁断。天军幸行，方得暂开。”

克什米尔通过北部的河谷通道与上部印度河地区往来，即经佐吉山口（Zojila Pass）和卡尔吉尔（Kargil）直抵上部印度河谷，再分出南北两条路线，北线经吐蕃—勃律道通往中国新疆；或东南经拉达克的列城到达中国西藏西部阿里地区。在上部印度河谷中，还有一些支线可以通往中国新疆，即从拉达克北部喀喇昆仑山西端的什约克河（Shyok River）和努布拉河（Nubra River）两个河谷，经山脉的缺口可以到达丝绸之路的重镇和田，或者从什约克河的东部的另一条支流羌钦姆河（Chang Chenmo River）进入和田。拉达克地区交通位置的重要性由此可见一斑。

弥勒菩萨 12世纪 泥塑彩绘 高4.63m 拉达克阿奇寺三层殿

拉达克卡尔吉尔阿巴提村穆贝克地方的四臂弥勒摩崖造像 10－11世纪 高约9m

842年，吐蕃王朝赞普朗达玛（838—842年在位）被刺身亡，吐蕃贵族围绕着王位继承发生对立，朗达玛的长妃生子云丹（Yum brdan），占领伍如（dBu ru）地区（以今天拉萨为中心），次妃生一遗腹子叫沃松（'Od bsrungs），占领约如（g-Yo ru）地区（以今天山南乃东为中心）。895年，沃松之子贝阔赞（dPal 'khor btsan）为属民所杀，地盘也被云丹的后裔夺走，贝阔赞的次子吉德尼玛衮（Skyid sde nyi ma mgon，879—937年）于910年来到阿里地区，通过与当地贵族联姻，于925年取得了古格—布让（Gu ge-sPu rangs）的统治权，建立古格王国。

尼玛衮死后，将领土分封三子。对于分封的疆域地望，史书说法不一，其封地的范围跨境颇广，习称“阿里三围”（mNga' ris skor gsum），从今天的古格、普兰到拉达克、桑噶尔（Zangskar）。当然，这不是吉德尼玛衮统治时期所能取得的成果，很可能是分封后诸子不断扩张的疆域所及范围。

自后弘期以来，阿里三围与克什米尔之间的文化和艺术交流迅速密切起来。在过去数十年中，考古学家们仅在西藏西部的前沿地带拉达克一区就已经发现了400余处摩崖石刻点、370余个城寨遗址、260余座佛与菩萨石刻造像，这个数量还在不断增长。这为西藏西部自7世纪以来向西的发展与交流勾勒出一幅日渐明确的交通图。

我们在历史文献记载中，尚未找到明确的证据证明，古代印度河地区的佛教艺术对吐蕃时期的西藏西部的佛教发

左图 / 卡尔吉尔苏鲁河谷卡孜村四臂弥勒摩崖造像 10—11世纪 高约7m

右图 / 五方佛摩崖造像 11世纪 拉达克谢城宗堡路边

展产生过直接且明确的影响。考古发现证明，在吐蕃时期，上部拉达克和下部拉达克有明显的文化界限，其分界线大致在印度河与桑噶尔汇流处。前者属于象雄文化的范畴，后者属于吉尔吉特—巴尔蒂斯坦文化的范畴。从汇流处溯流至今天的乌巴什（Ubashi）之间是两个文化的过渡区域。

10 世纪晚期，即西藏佛教后弘初期开始发动，古格王国的上路弘法运动（986 年至 12 世纪）方兴未艾，克什米尔作为佛教中心与圣地，吸引了一批西藏的青年才俊到此巡礼、求法和修行，其造像艺术对年轻的古格王国产生了影响。

自 20 世纪 90 年代以来，考古学家们在拉达克地区对军事堡垒遗址、藏文摩崖题记和摩崖造像进行了持续的考古调查。学者们发现，10 世纪晚期至 11 世纪初，即古格国王耶歇沃统治时期，其控制力已经到达距列城南部 15 千米的谢城（Shey）附近；在卡尔吉尔北部德拉斯河（the Dras）与苏鲁河谷汇流处的卡鲁（Kharool）地方发现了 1028 年古格王沃德（'Od sde，1024—1037 年在位）统治时期的藏文题记，其内容证实，古格王国的军事活动曾经扩张到西拉达克地区。

总之，新兴的古格王国通过对拉达克地区的扩张，改变了阿里三围的佛教现状，并且保持了与古代克什米尔地区的密切往来，从而广泛汲取当地的艺术养分。

我们推测，11 世纪古格王国著名的大译师仁钦桑波（Rin chen bzang po，985—1055 年）大致就是沿着拉达克与印度河（狮泉河）之间的峡谷，沿印度河而下到克什米尔求学的。

今天沿着克什米尔至西拉达克的交通隘口，考古学家们发现一批重要的佛教摩崖造像。在卡尔吉尔附近有著名的三大弥勒摩崖造像：在卡尔吉尔镇东南到列城之间道路上，距离卡尔吉尔 15 千米的阿巴提村（Apati）穆贝克（Mulbekh）地方的崖壁上雕刻了一座高约 9 米的四臂弥勒巨像；从卡尔吉尔往东 15 千米，同在阿巴提村的摩崖二臂弥勒像，为三大弥勒摩崖造像中最小的一尊；在卡尔吉尔苏鲁河谷（Suru

五方佛 11世纪 黄铜 高14.3cm 西藏西部 布达拉宫藏

Valley）往南 40 千米的卡孜村（Kartse Village）有一尊高达 7 米的四臂弥勒摩崖造像。三尊巨型弥勒像年代均在 10—11 世纪之间，是阿里三国佛教文化繁盛的象征，令我们很容易联想到这是犍陀罗造像中最重要的菩萨之一弥勒菩萨信仰延续的结果，也让我们联想到从巴米扬到西喜马拉雅地区一直继承的大像崇拜的传统，在今天的西喜马拉雅地区的藏传佛教寺庙中仍然可以找到这一传统信仰的痕迹，即在寺庙中往往可以见到一些高大的泥塑菩萨造像，其中以弥勒居多，如 12 世纪的阿奇寺三层殿（gSum brtseg lha khang）内的四臂弥勒像、观音像和文殊像以及芒域寺（Mar yul dgon pa）的二臂和四臂弥勒塑像等。此外，在谢城宗堡（Palace）路边有大家耳熟能详的 11 世纪五方佛石刻，我们在布达拉宫的藏品中找到了相似的例子。

藏传佛教寺庙和国内外博物馆中保存的大量铜造像藏品也同样证明，古格王国与克什米尔有着长期的密切往来。中国西藏阿里札达县（rTsa mda' rdzong）的卡孜寺（mKhar rtse dgon pa）现存有一尊观音菩萨铜造像。据说此像为仁钦桑波从克什米尔运来的铜像。其右手指残损即其运输时所折断。如果我们将此像与 11 世纪托林寺保存的泥塑稍做比较就可以看出，二者腿上衣纹如此相似。而这尊西藏本土铸造的文殊菩萨像显然模仿了克什米尔造像风格，只是身体略显扁平，身体比例拉长，金属错嵌（inlay）改为阴线刻划纹样而已；在皮央石窟（Piyang Caves）杜康大殿（'Du khang）出土的观音菩萨铜像却让我们一时难以判断，此像是西藏当地工匠所造抑或为克什米尔工匠所造，足见流行在古格王国早期的克什米尔艺术风格何其之纯正。

故宫博物院保存的一尊迦尔郭吒时期释迦牟尼佛像，与美国洛杉矶郡立博物馆（LACMA）所藏的释迦牟尼佛像风格相似，而后者的座式更为华丽，均为同时期克什米尔造像中的佛座样式之一。将中国阿里皮央石窟杜康殿出土的释迦牟尼佛像与前二者比较就很容易看出来，二

者之间在图像特点和样式上有明显的继承关系，但在技术水平与艺术感觉上均有一定的差距。无论如何，在不足百年的时间里，西藏工匠中的艺术家从克什米尔艺术家和古代的艺术品中已经汲取了丰富的艺术营养，逐渐成长起来。

结语

犍陀罗艺术及其余脉的传播路线简单可以概括为两个方向：向北，即我们通常所说的经过河西走廊和新疆这条路线，今天学者们研究介绍的多以此为主；向东，沿印度河谷上游到达中国境内的狮泉河和象泉河流域，接入高原丝绸之路，鲜为人知，这方面的论述和研究很少。本次展览即提供了这样一条思路。

犍陀罗艺术消失于5世纪晚期，它的余晖在斯瓦特、克什米尔和吉尔吉特却一直闪耀着光芒，这里的摩崖石刻、古代寺庙、城堡遗址，保存至今的数量众多的古老金铜造像如同灯塔照亮了西喜马拉雅地区文化、艺术发展的轨迹；如同路标，指示着历史上不同文明之间交流、交往、融合的发展方向。

印度河如同一条彩带，将几个重要的艺术中心串起来，组成一个项链，装饰着6—14世纪多元文化交流史；同时，它又像是血管，一直为这块贫瘠、高寒、封闭的高原河谷文明输送着信仰、文化和艺术的养分。正是通过印度河的滋养，高原丝绸之路的文明才有可能如此绚烂、辉煌。

作者系故宫博物院研究馆员、藏传佛教文物研究所所长

观音菩萨 11世纪 黄铜错银 错红铜 西藏阿里札达卡孜寺藏

释迦牟尼佛 7—8世纪 黄铜错银 红铜 26cm × 13.5cm × 7cm 克什米尔 故宫博物院藏

释迦牟尼佛 8世纪 黄铜错银 40.64cm × 21.59cm × 9.2cm 克什米尔 美国洛杉矶郡立博物馆

弥勒菩萨立像 2—3世纪 灰色片岩 犍陀罗地区 日本平山郁夫美术馆藏

约公元前30万—前1万年 索安河旧石器文明。

公元前1600—前400年 犍陀罗墓地文化。

公元前1200—前1000年 《梨俱吠陀》最古之“颂”，特别是提到了“十王之战”巴克塔人、帕鲁什尼河人和犍陀利人。

公元前1000—前600年 梵书时代。《梨俱吠陀》后期的“颂”提到了犍陀罗罗阇纳格纳季塔。

公元前600—前200年 经书时代，提到了犍陀利人。

公元前565—前483年 乔达摩·悉达多（佛陀）时期。

公元前559—前557年 居鲁士奠定了阿契美尼德王朝的基础，征服犍陀罗。

公元前550年前 奥义书时代，提到了犍陀罗和犍陀罗人。

公元前522—前486年 波斯帝国大流士一世统治时期，阿拉米语被采用为官方语言。

公元前518年 大流士一世将包括呾叉始罗在内的次大陆西北部并入波斯帝国，呾叉始罗的皮尔山丘城建成。

公元前517年 卡律安达的斯凯拉克斯考察印度河下游水道。

公元前330年 希腊亚历山大大帝征服波斯，大流士三世战死，阿契美尼德王朝结束。

公元前326年 亚历山大接受呾叉始罗罗阇阿姆比投降，于杰卢姆河击败波罗斯，马卡塔斯之子菲立普任呾叉始罗州长，包括呾叉始罗在内的西旁遮普并入犍陀罗。

公元前324年 呾叉始罗州长菲立普遇刺身亡，尤达穆斯临时继任。

公元前323年 亚历山大死于巴比伦。

公元前321年 尤达穆斯离开西北地区，孔雀王朝创始人旃陀罗笈多吞并旁遮普。

公元前321—前187年 犍陀罗的孔雀王朝时期。

公元前268年 阿育王登基。

公元前262年 阿育王皈依佛教。

公元前187年 德米特里征服犍陀罗、旁遮普和印度河流域，以呾叉始罗为都城，建立印度—希腊政权，都城由皮尔山丘迁往西尔卡普。

公元前187—前90年 犍陀罗的印度—希腊政权时期。

公元前90年 塞种或西徐亚统治者毛伊斯击败最后一位希腊国王，占领呾叉始罗，奠定塞种政权基础。

公元前90—公元19年 犍陀罗的塞种统治时期。

19—60年 犍陀罗的帕提亚时代。

25年 帕提亚国王冈多法勒斯以呾叉始罗为都。

40年 圣·托马斯来到呾叉始罗。

44年 蒂亚纳王阿波罗尼厄斯来到呾叉始罗。

60年 威马·伽德庇塞斯征服犍陀罗，奠定了贵霜统治的基础。

60年—4世纪初 犍陀罗的贵霜时期。

犍陀罗年表

80年	呾叉始罗城自西尔卡普迁往西尔苏克。
128年	迦腻色伽一世登基。
202—230年	贵霜统治者婆苏提婆时代，婆苏提婆信奉了印度教。
350—390年	犍陀罗的萨珊时代。
350—358年	萨珊国王沙普尔二世征服犍陀罗和旁遮普，在呾叉始罗建立起自己的统治。
390年	寄多罗贵霜从萨珊人手中征服犍陀罗和西旁遮普。
400年	中国旅行家法显到达呾叉始罗。
400年后	白匈奴入侵犍陀罗和旁遮普，佛教寺院被毁，呾叉始罗被完全摧毁，白匈奴统治者托拉马纳登基，以奢羯罗（今锡亚尔科特）为都。
460—510年	犍陀罗的白匈奴统治时期。
520年	中国旅行者宋云来到犍陀罗。
525年	马尔瓦罗阇耶输达曼击败最后一名白匈奴统治者米希拉库拉。
525—850年	呾叉始罗及盐山山脉地区均隶属于迦湿弥罗。
629—645年	中国旅行者玄奘来到印度，其时呾叉始罗已荒废，隶属迦湿弥罗。
870—871年	喀布尔建立起伊斯兰政权，突厥沙希统治者自喀布尔迁都杭德。
880年	突厥沙希统治结束，印度教沙希统治建立。
880—1014年	犍陀罗的印度教沙希统治时期。
1014年	印度教沙希统治结束，犍陀罗和旁遮普建立起伽兹纳维政权，犍陀罗作为一个国家灭亡。

佛陀立像局部　2—3世纪　灰色片岩　犍陀罗地区　日本平山郁夫美术馆藏

丝绸之路上的龟兹石窟

文／徐永明

说法图 约公元5世纪 原位于拜城克孜尔石窟第76窟主室北壁
德国柏林亚洲艺术博物馆藏

丝绸之路不仅是连接亚欧大陆的交通动脉，更是连接人类文明的纽带。丝绸之路是多元文化交流的杰出范例，展现出公元前2世纪至公元16世纪间亚欧大陆诸多文明区域，特别是游牧的草原文明与定居的农耕、绿洲或畜牧文明之间的相互交流和影响，包括宗教信仰、城市文化、建筑设计、住居方式、商品贸易、民族交流等方面。

龟兹地处新疆塔里木盆地北缘，北倚天山，南临塔克拉玛干沙漠，是古丝绸之路的重镇，更是东西方文明交流的重要枢纽和佛教文化进入中国的首站之一，文物遗址众多，尤以石窟寺等佛教文化遗产为最。

龟兹石窟是古丝绸之路文明交流的结晶，源自丝绸之路佛教文化的传播交流，始兴于汉代，繁盛于隋唐，印刻着海纳百川、兼收并蓄、多元一体的特点。其表现了从公元3世纪到公元13世纪佛教艺术在龟兹地区的杰出创造和高度成就，是新疆地区现存最早、规模最大、持续时间最长、洞窟功能齐备、类型丰富、影响广泛的佛教石窟寺遗存。它以独特的洞窟形制和壁画风格，明显揭示出佛教经新疆地区东渐传播的历史轨迹，以及在传播过程中所形成的本土化过程。其从不同侧面展示了这一时期内龟兹佛教文化的产生、发展、繁盛和衰落过程，也为特定的历史进程、文化传统、宗教信仰、民族民俗、音乐舞蹈的发展与演变提供了丰富的证据。尤其是壁画的独创性和多样性，成为龟兹造像艺术的突出成就之一，具有突出的历史意义和审美价值，曾对新疆以东的河西、陇右、中原及中亚佛教石窟艺术的发展都产生过显著的影响，创造了古丝绸之路东西方文化交流互鉴与融合发展的历史经典。

龟兹石窟泛指古龟兹地区（即今新疆阿克苏地区库车、拜城、新和等县）大小27处佛教石窟寺遗存的总称，主要分布在龟兹故地的库车县、拜城县、新和县境内。其中拜城县保存较为完整的有3处：克孜尔石窟、台台尔石窟、温

持莲供养人 81.3cm×37.5cm 原位于拜城克孜尔石窟 美国大都会艺术博物馆藏

龟兹供养人及供养比丘 80cm × 119cm × 2cm 原位于拜城克孜尔石窟第198窟甬道侧壁
德国柏林亚洲艺术博物馆藏

巴什石窟；库车县保存较为完整的有6处：库木吐喇石窟、克孜尔尕哈石窟、森木塞姆石窟、玛扎伯哈石窟、阿艾石窟、苏巴什佛寺遗址；新和县保存较为完整的有1处：托呼拉克艾肯石窟；遗存824个洞窟，近1万平方米壁画和部分精美彩绘泥塑。这10处保存较为完整的石窟寺先后被国务院公布为全国重点文物保护单位，其中：克孜尔石窟、库木吐喇石窟是1961年3月国务院公布的第一批全国重点文物保护单位；2014年6月，包含克孜尔石窟和苏巴什佛寺遗址在内的“丝绸之路：长安至天山廊道的路网”被列入世界文化遗产名录。

克孜尔石窟

克孜尔石窟作为中国历史上开凿最早的大型石窟寺，始建于公元3世纪，衰落于公元9世纪，是西域地区现存最早、规模最大、持续时间最长、洞窟功能齐备、类型丰富、影响广泛的佛教石窟寺遗存。它既是龟兹石窟的典型代表，也是佛教石窟寺从印度北传中国后，地域位置最西的一处石窟群，受到了印度、中亚乃至中国北方佛教艺术的多重影响，既是西域地区佛教石窟寺的典范，又是印度与中原北方石窟的媒介。它以独特的洞窟形制和壁画风格，明显揭示出佛教经西域地区由西向东传播的历史轨迹，以及在

右图／菩萨头像 6—7世纪 彩绘塑像 原位于拜城库木吐喇石窟 日本东京国立博物馆藏

左图／菩萨头像 7—8世纪 彩绘塑像 原位于拜城库木吐喇石窟 日本东京国立博物馆藏

传播过程中所形成的本土化过程（即龟兹风格），成为丝绸之路上最重要的佛教遗迹之一。其展现了由丝绸之路的宗教交流而引发的佛教石窟寺这一源于印度的佛教建筑形式经西域地区的传播，对新疆以东的河西、陇右、中原地区及中亚的佛教石窟艺术产生的显著影响。与此同时，多种文字的文书、题记佐证了该地区在历史上共存过的多种宗教与文化的交流活动。

中心柱式的“龟兹型窟”是克孜尔石窟形制方面的最大特色和创新，代表洞窟有第 17 窟、38 窟等 60 余个。该类型的石窟源于印度的“塔庙窟”，龟兹工匠一方面保留了

多卢那像　6—7世纪　壁画　原位于拜城克孜尔石窟　日本东京国立博物馆藏

印度塔庙窟的功能和空间布局特点，即把佛塔作为礼拜的中心；另一方面，根据龟兹本地砂岩的构造特点，汲取当地游牧民族的墓葬建筑特征，按照佛教功能，创造了这种中心塔与窟顶相接的中心柱式样的龟兹型窟。使其既具有佛塔和佛像崇拜的双重功用，又起到建筑支撑柱的作用。这种形制的石窟东传并显著影响了河西地区的敦煌石窟、中原地区的龙门石窟、云冈石窟中早期洞窟的形制。

壁画是克孜尔石窟艺术的最高成就。克孜尔石窟保存了丰富的公元 3 世纪至 9 世纪的佛教故事画，按照小乘佛教教义，壁画题材内容主要为佛本生故事、因缘故事、佛传故事等，反映出龟兹地区盛行的小乘

佛教的“惟礼释迦”。内容丰富、造型典雅、色彩绮丽，艺术风格多样统一。尤其是描绘在中心柱窟券顶上的菱格画堪称是龟兹壁画的独创经典，被誉为“故事的海洋”。据统计在龟兹壁画中所描绘的佛本生故事和因缘故事有 100 余种，佛传故事 60 多种，数量之多，画面之丰富，在世界石窟艺术中极为罕见。这些体现“真善美”，生动描绘民族交流、交往、交融的故事画，成为古龟兹人留在崖壁上的民族档案。

克孜尔石窟壁画融合了希腊化的犍陀罗艺术、印度本土风格的秣菟罗艺术，早期（3—4 世纪）壁画中人物形象（如第 118 窟券顶天相图中的立佛、第 92 窟正壁的坐佛、第 47 窟左甬道入口上方的坐佛等）明显受

到犍陀罗佛教造型艺术的影响；公元 5 世纪的第 83、84 窟壁画中的人物造型风格近似印度秣菟罗佛教艺术；公元 6—7 世纪壁画人体造型曲线即“三屈法式”的增强，显示出印度笈多佛教艺术风格的影响；克孜尔石窟壁画还出现了波斯萨珊王朝流行的联珠纹饰；克孜尔石窟壁画中的乐舞形象与中原文献记载的流行于隋唐宫廷并波及整个东亚的西域“龟兹乐舞”相印证，见证了丝绸之路上音乐、舞蹈艺术的传播。

克孜尔石窟壁画所展现的龟兹民族的人种、服饰、信仰以及生产、生活与乐舞活动的场景，为已消失的龟兹文明提供了独特的历史见证。壁画中龟兹地区的生活生产场景，反映出古龟兹地区融合了中原和西域文化所形成的特有生活方式，连同上述佛教美术、音乐场景一起，生动再现了龟兹作为古丝绸之路重要中转城市的繁荣。

库木吐喇石窟

库木吐喇石窟位于新疆阿克苏地区库车市西南约 23 公里处的渭干河流经确尔达格山山口处。开凿于公元 5 世纪，大约在公元 13 世纪以后被逐渐废弃。现有编号洞窟 122 个，其中在 62 个洞窟中保存有 2500 多平方米精美壁画和少量彩绘泥塑。根据分布状况划分为谷口区和窟群区。其中，谷口区散布着 33 个洞窟；窟群区依崖壁密集开凿窟室 89 个。石窟群附近还有两处被认为是与其同时代的遗址：玉曲吐尔遗址和夏合吐尔遗址，位于石窟群的南侧，隔河相望。

库木吐喇石窟是龟兹石窟的典型代表之一。中国文化、

天象图 拜城克孜尔石窟第38窟

印度文化、中亚文化及古代西域文化在此交流融合，反映了龟兹地区佛教兴衰的全过程。

库木吐喇石窟大致分三个时期：

第一时期约为公元5—6世纪。这一时期以中心柱窟和方形窟为主。壁画题材同克孜尔石窟发展期的壁画相近。在人物造型、线条、色泽运用及讲究装饰意匠效果等方面，已深蕴龟兹壁画风格的因素。库木吐喇谷口区新1、2窟的壁画和塑像，是此时期最优美且杰出的作品。

第二时期约为公元7—8世纪。形制仍为中心柱窟和方形窟，但壁画出现了新的题材内容，除了龟兹本地特色的洞窟和壁画外，涌现出一批中原汉风壁画。龟兹风格壁画在保持其基本内容、布局和风格外，打破了旧有的程式，出现了塔中坐佛、菱格坐佛、方格坐佛、横列因缘故事等内容。中原汉风洞窟则绘出中原大乘佛教的经变画，在人物造型、装饰图案、绘画构图上都与敦煌莫高窟有相似之处。龟兹风格的壁画与汉地风格的壁画咫尺相邻，是库木吐喇石窟特有的奇观。

第三时期约为公元9世纪中叶及其以后。回鹘文化特色的佛教艺术给正值衰落期的龟兹石窟增添了新的内容和风格。在艺术上，这一时期的洞窟以汉风为基础，吸收龟兹因素的同时也发扬了自己的文化传统，从而形成符合本民族爱好和审美观的风格和特色。龟兹石窟中属库木吐喇保存回鹘壁画最多，内容最丰富。回鹘风洞窟内出现了汉文、回鹘文、龟兹文合璧的供养人榜题，这是十分罕见的

拜城克孜尔石窟第8窟主室内景

珍贵资料。

清代徐松《西域水道记》所记载的库木吐喇石窟“上有石室五所，高丈许，深二丈许，就壁凿佛相数十铺，璎珞香花，丹青斑驳”，即为库木吐喇石窟第66—72窟，即著名的“五连洞”。位于窟群最北端，开凿于7世纪，但一直沿用到13世纪。从第66窟拾级而上，穿过隧道北行，便可依次到达第68、69、70、71、72窟。这五个窟前有长廊相通，窟室高大雄伟，洞窟壁画经过多次重绘，底层壁画绘有云气纹等，表层壁画烟熏严重，大多辨识不清。其中第68窟主室券顶保存壁画较好，可见天花飞舞，以及排箫、阮咸、箫、箜篌等不鼓自鸣的乐器，其烘托出了佛国净土的氛围，洞窟连廊侧壁还保存有“建中六年”的汉文题刻。

库木吐喇石窟的汉风壁画和汉文题刻体现了唐朝对西域地区的切实有效的管辖，以及龟兹作为安都大都护府治所的中心地位。库木吐喇及其附近佛寺是唐“四镇都统”的驻锡之地，来自中原地区的僧人带来了汉风的绘本，使得汉文化、汉地大乘佛教流布于龟兹绿洲。不仅如此，各民族之间还有着密切的交流。如库木吐喇汉风洞窟内虽绘有

伎乐飞天 拜城克孜尔石窟第8窟主室前壁

净土、千佛像，但其洞窟形制仍然是中心柱窟。回鹘时期的民族交流与融汇更为显著，出现了龟兹风、汉风、回鹘风壁画共存一窟的现象，创造出了新的龟兹艺术风格，客观反映出古代龟兹地区多民族与多元文化交流的历史。

森木赛姆石窟

森木塞姆石窟位于新疆阿克苏地区库车市东北约40公里处的牙哈镇克日希村北雀尔达格山沟谷之中。始建于公元4—5世纪，衰落于公元12世纪，是龟兹石窟遗存中修建时代较早，延续时间较长的一处石窟群。洞窟分布在马蹄形的山谷里，按地理位置可以分为东、南、西、北、中五个区，编号洞窟57个，保存壁画面积约1500平方米。

森木塞姆石窟主要分布在雀尔达格山沟谷的东、西两岸崖壁和土丘上，沟谷间的台地上遗存有一处遗址（疑似为寺院遗址）和一座佛塔，这种布局与中亚地区贵霜时期山地寺院围绕大型主塔而修建的奉献塔和殿堂相似。森木塞姆第11窟为大像窟，位于南区诸洞窟的中央，主室正壁原建有一尊大型的立佛像，其与遗址区内的大塔遥相呼应，

穹顶十三菩萨 7世纪 库车库木吐喇石窟新2窟

构成了当时的礼拜中心。

森木塞姆石窟的洞窟形制结构呈现多样化，有些类型为龟兹地区所独有。其中，森木塞姆第26窟的洞窟形制最富特色，该窟为中心柱窟，大约建于6—7世纪。中心柱四壁各开一大龛，主室前壁、两侧壁都开龛，后室的后壁中部开方形明窗。主室与后室均为横券顶，左右甬道为纵券顶，甬道口有装饰性的拱形道楣。

森木塞姆方形窟中最有特点的是套斗顶，这不是一般圆形的穹窿，而是以花瓣围成的弧边八角形的空间层层相错叠套，兼有穹窿和“斗四”的意匠，形成的倒垂莲花式的穹顶，我们可以称之为“莲花套斗顶”。在龟兹石窟中，只有森木塞姆石窟出现了这种窟形，是穹隆顶的发展或变体。

森木塞姆石窟壁画不仅有龟兹传统的本生、因缘和佛传故事画，而且还有动物形象。其描绘得十分突出，不同的动物穿梭在菱格山色之中，营造出自然和谐的场景。如森木塞姆第30窟甬道券顶绘满了山间池水边的猕猴、山羊、飞鸟等动物形象。石窟寺本是古代僧人静修冥想的场所，这些生动有趣的动物画突显了禅修的氛围。

森木塞姆石窟与库木吐喇石窟一样，也出现了回鹘风格的壁画，体现了多民族、多文化交流融合的特点。约建于9世纪中叶的森木塞姆第44窟不仅绘出了传统的菱格故事画、释迦的涅槃故事等，而且还融合了中原风格的装饰纹样。

森木塞姆第46窟将龟兹风、汉风、回鹘风熔于一炉，主室前壁供养人上方书写着婆罗米文榜题，其中有汉僧、龟兹僧的名字，其见证了龟兹古代民族交流、交往、交融的历史景象。

听法金刚像　原位于拜城克孜尔石窟第77窟　德国柏林亚洲艺术博物馆藏

比丘像 拜城克孜尔石窟第118窟

侍者 原位于拜城克孜尔石窟 美国大都会艺术博物馆藏

尽管森木塞姆石窟的规模不如克孜尔石窟和库木吐喇石窟，但它经历了龟兹石窟艺术发展的全过程。特别是以佛塔为中心的寺院布局、特殊的洞窟形制、有趣的动物画以及融合龟兹风、汉风的回鹘壁画，都具有鲜明的地域特色，对了解和研究龟兹佛教的发展、佛教艺术的演变及社会背景有着非常重要的意义。

克孜尔尕哈石窟

克孜尔尕哈石窟位于新疆阿克苏地区库车市西北 12 公里处的雀勒塔格山脉丘陵地带，与世界文化遗产克孜尔尕哈烽燧毗邻。是距古代龟兹王城中心最近的一处石窟群，也是距离现在库车市最近的一处石窟群。2001 年被列为全国重点文物保护单位。

克孜尔尕哈石窟现有编号洞窟 64 个，最早的洞窟约建于公元 6 世纪，洞窟中的壁画大多是龟兹佛教繁盛期的壁画风格，但也不乏一些龟兹地区其他石窟所没有的壁画题材和内容。其中特别突出了“国王护法”“国王和王族供养”等场景，通过解读洞窟中龟兹文题记以及联系当时其地理位置等因素，学者们判断这里应是“龟兹王室寺院”。遥想昔日，矗立于丝绸之路旁的克孜尔尕哈石窟，不仅为那些跋涉万里的国际商人和僧侣，提供了寄托希冀、祈安挂锡的理想场所，也成了龟兹王室贵族修筑寺院和礼拜佛像的宝地。

在克孜尔尕哈石窟第13窟和第14窟的供养人画像中出现了龟兹王和王后，以及供养人形象，并且还画出了地神“坚牢”托举龟兹王和王后的场景，这种壁画内容是龟兹石窟所独有的。这些精美宏大的供养像壁画，以及所遗存的“龟兹王室寺院”龟兹文题记，客观地反映出克孜尔尕哈石窟是龟兹王室所供养的佛寺。

克孜尔尕哈石窟第25窟主室侧壁和甬道侧壁上保存了许多龟兹文题记。主室右壁的一条题记的内容是：“有两位游人于龟兹王苏伐叠（Suvarnadeva）在位的第十九年，虎年，第六月的八日，来此圣地谒佛祈愿。”苏伐叠在位时间约在624—646年间，这条题记表明了，早在642年以前，克孜尔尕哈石窟就已经成为龟兹地区重要的佛教寺院。

克孜尔尕哈石窟第30窟后室顶部的壁画色彩鲜明华丽，其中最为著名的八身伎乐飞天造型优美、姿态自然、服饰华美而多样，堪称龟兹地区全盛期石窟壁画中伎乐飞天的艺术珍品。

玛扎伯哈石窟

玛扎伯哈石窟位于库车县东北约30公里（森木赛姆石窟南约8公里）处的沙土原上，现有已编号的洞窟44个，窟型较完整的洞窟36个，仅有2个洞窟尚保存有壁画，其时代大约在公元6世纪至公元7世纪，石窟建筑形制和壁画艺术风格与森木赛姆石窟大致相似。

托呼拉克艾肯石窟

托呼拉克艾肯石窟位于新和县西北约70公里处的戈壁山坡上。现有洞窟20个，分布在东西相距约5公里长的岩壁上。其中窟形保存相对较完好的洞窟有13个，目前所遗存的壁画主要集中在3个洞窟之中，开凿年代为公元7世纪至公元8世纪，建筑形制与壁画风格与克孜尔石窟晚期洞窟大体相似。洞窟形制以中心柱窟为主，少量为方形穹隆顶窟。壁画题材内容有本生故事、因缘故事和佛传故事等。其中第16窟壁画保存较好，色彩醒目，以暖色调为主。

台台尔石窟

台台尔石窟位于拜城县克孜尔乡北约6公里处的额特尔山南麓余脉山丘上。遗存洞窟22个，窟型较完整的洞窟6个，其中保存有壁画的洞窟4个（均为中心柱窟）。开凿年代约为公元6世纪至公元8世纪。洞窟建筑形制和壁画风格与克孜尔石窟大体相似。洞窟壁画题材内容除常见的菱格画外，第17窟塔中坐佛和虚空夜叉、第16窟中的大立佛和龟兹供养人像，以及第5窟中的飞天等图像在龟兹壁画中十分罕见，堪称艺术珍品。

温巴什石窟

温巴什石窟位于拜城县西南约20公里处的温巴什乡古格代勒克村南确尔塔格山北麓一条南北走向的河谷内，现有已编号的洞窟26个，窟形保存较完整的有6个洞窟，其中有3个洞窟内尚保存有少量壁画。开凿年代约为公元6世纪至公元8世纪，洞窟形制与壁画风格总体上与克孜尔石窟相类似。遗存有中心柱窟、方形窟、僧房窟等，壁画中可见有菱格因缘故事画，坐佛、立佛、金刚力士等形象。

阿艾石窟

阿艾石窟位于新疆阿克苏地区库车市阿格乡依地克村东北克孜利亚峡谷（库车天山神秘大峡谷）的崖壁上，仅保存有1个洞窟，该窟距离沟底30多米，于1999年被当地牧民意外发现。

阿艾石窟开凿于唐代，废弃年代不详。洞窟平面呈纵长方形，长4.6米，宽3.4米，顶部为纵券顶，有一阶叠涩。洞窟中央凿有一座方形台基，台基与正壁及两侧壁形成狭长的甬道，虽然台上原有的塑像已无残存，但依然可以确定这是一座礼拜窟。

洞窟内遗存有许多汉风壁画和汉文题记，大多集中在正壁，券顶以及右侧壁，共计约15平方米。正壁绘有一幅观无量寿经变，左右侧壁绘有药师佛、卢舍那佛等立佛和

男性躯干 苏巴什佛寺遗址出土 法国吉美博物馆藏

彩绘乐舞舍利盒 苏巴什佛寺遗址出土 日本东京国立博物馆藏

菩萨像，券顶则绘满了贤劫千佛图。这些壁画所展现的是中原地区的大乘佛教思想，在同一座洞窟中同时出现了西方净土阿弥陀佛信仰、东方净土药师佛信仰，以及华严卢舍那佛信仰、观世音信仰和文殊菩萨信仰等，内容丰富且多元。其壁画风格与人物造型与敦煌莫高窟唐代壁画极为相似。

苏巴什佛寺遗址

苏巴什佛寺遗址位于新疆阿克苏地区库车市北郊铜厂河出山口之两岸，北距库车城23千米，是中国新疆现存最大的佛寺遗址，遗址类型丰富。“苏巴什”即“水的源头”的意思。苏巴什佛寺，有不同的汉文译名。《出三藏记集》卷二称“致隶蓝”（蓝即伽蓝，梵语寺院之意），《梁高僧传》卷二《鸠摩罗什传》则记为“雀梨大寺”，北魏郦道元著《水经注》称其为“雀离大寺”，唐玄奘著《大唐西域记》称其为“昭怙厘”。“致隶”“雀梨”“雀离”和“昭怙厘”实为同名异译，同指一寺。

公元630年，大唐高僧玄奘西行取经，途经此地，讲经学习两月有余，并在其所著《大唐西域记》中记载：“荒城北四十余里，接山阿，隔一河水，有二伽蓝，同名昭怙厘，而东西随称，佛像庄饰，殆越人工。”这段文字形象生动地描述了当时苏巴什佛寺的繁荣景象。

苏巴什佛寺遗址分为河东和河西两个区域。以佛塔为中心，四周建有庙宇、洞窟、殿堂、僧房等建筑物，总面积20万平方米。

河西遗址，又称西寺。遗址呈南北向分布，南北长700余米，东西宽190余米。佛殿、佛塔、僧房、洞窟等建筑分布其间。地面建筑均由土坯垒砌而成。

西寺南端为一大型寺院遗址，规模较大、气势宏伟。遗址略呈方形。四周围墙基本完好。围墙残高约10.8米，厚约3米。周长约300米。中央大殿成方形，长宽各为24米。大殿南北各开一门。大殿东为一佛塔，塔四周有围墙，塔身残高约10米。大殿北部还有一佛殿，长宽各16米。中央大殿西部分布有残墙断垣，可能也是佛殿。此外，还有僧房、居室等建筑。

大寺院中佛塔周围建筑遗迹较少，佛塔显得雄伟壮观，是苏巴什佛寺的标志性建筑。佛塔高约13.2米，平面呈长

方形。基部边长约 35 米，宽 24 米，高 4.5 米。塔基南面筑一斜坡踏道，残长 14 米，宽 3 米。塔身内为殿堂，前面已塌毁，有行道通向主殿，行道口筑出圆拱形门楣，主殿后壁绘大型立佛像。

西寺北部临河崖壁的小山丘上，尚存石窟 8 个，已编号的 5 个。

河东遗址，又称东寺。分布于库车河东岸的山梁上。遗址总体南北方向分布，但很不规则。遗址南北长 535 米，东西宽 146 米。四周建有围墙。遗址南端为庭院式建筑。环绕庭院的南、北、东三侧各有建筑。庭院东侧围墙上有一排佛龛。龛宽约 1 米、高约 1.2 米。佛龛分南北两部，北部有龛 7 个，南部有龛 8 个。地面建筑均由土坯垒砌而成。

东寺存有形制比较完整的佛塔 3 座，呈南北方向分布。北部佛塔地势较高，平面为方形。塔基边长约 15 米，塔残高约 8 米。中部佛塔建于土岗上。塔基方形，塔基边长约 11 米、高约 3.5 米。上为覆钵形塔身。佛塔残高约 8 米。南部佛塔平面方形，塔基边长约 10 米，佛塔残高约 9 米。

苏巴什佛寺遗址还出土了许多精美的文物，包括一批舍利盒，其中最精美的是日本大谷探险队盗走的一具舍利盒（现藏日本东京国立博物馆）。该舍利盒通高 31.2 厘米、直径约 37.3 厘米；木制圆体，盒盖为尖顶形；舍利盒盒身绘有一列 21 人组成的乐舞队；舞蹈者头戴各种面具，身穿各种舞服，手牵手在舞动；另有乐队 6 人，演奏各种乐器。整个乐舞图，人物栩栩如生、形象生动。盒盖上绘有 4 身弹奏乐器的带翼童子。该乐舞图是龟兹社会现实生活的真实写照。

苏巴什佛寺大约始建于公元 3 世纪初，公元 10 世纪以后，随东西方经济文化大动脉——丝绸之路的衰微，西域宗教的大更迭，苏巴什佛寺逐步被遗弃，最后淹没在历史的尘埃中。

苏巴什佛寺遗址是新疆现存规模最大、最完整、历史最悠久的佛寺遗址。它是天山南麓古龟兹地区的重要佛教建筑群遗址，展现了丝绸之路上古龟兹地区长期作为西域佛教传播中心的历史。以出土的丝织品、古钱币、器物和文书等遗存佐证了丝绸之路古龟兹地区发生的多种文化和商贸交流。

作者系新疆龟兹研究院原院长、研究馆员

飞天伎乐

有金像辇，去地三尺，施宝盖，四面垂金铃七宝珠，飞天伎乐，望之云表。

——《洛阳伽蓝记》

尸毗王本生　北魏　敦煌莫高窟第254窟北壁西侧

莫高窟的营造

文／邢耀龙

前秦建元二年（366年），这是中国历史上著名的书圣王羲之逝世的五年后，在敦煌，有一名法号为乐僔（yuèzǔn）的僧人在清晨时分爬上了三危山，当他抬头看向对面鸣沙山的山崖时，眼前“忽见金光，状有千佛”。乐僔被这样的胜景彻底折服，这位云游僧人脚下生了根，他决定不走了，就在这片圣地里修行。于是，他当即请人在崖壁上开凿了第一个佛窟，这就是莫高窟的诞生。

我们今天之所以知道这个故事，全赖古人在莫高窟第156窟前室北壁留下了一篇莫高窟营建史上最重要的文章，即《莫高窟记》。敦煌是古代陆上丝绸之路的枢纽，自从乐僔开凿了莫高窟第一个洞窟之后，往来的僧侣、百姓都纷纷在这里开窟造像，历经北凉、北魏、西魏、北周、隋、唐、五代、西夏、元等朝代的兴建，形成了巨大的规模。莫高窟现有洞窟735个，壁画4.5万平方米、泥质彩塑2415尊，是世界上现存规模最大、内容最丰富的佛教艺术圣地。

根据《莫高窟记》“次有法良禅师东来，多诸神异，复于僔师龛侧又造一龛。伽蓝之建，肇于二僧”的记载，在乐僔之后来到莫高窟建窟的是禅师法良，因为两位高僧在这里的持续营造，吸引了一大批信众前来朝圣，规模日显。遗憾的是，今天的我们无法在莫高窟现存的洞窟中识别出乐僔和法良开凿的洞窟，只因为他们开凿的是禅窟。石窟断代最重要的依据是洞窟里的壁画和塑像等艺术，但早期中国僧人修行的方式以坐禅为要，这样的空间内是不需要绘画的。面对空无一物的四壁，我们很难分辨出哪一个洞窟是莫高窟最早的洞窟。

莫高窟现存735个洞窟，其中492个洞窟都保存有壁画。截至目前，敦煌研究院公布的最早的洞窟是开凿于十六国时期的北凉。属于这个时期的洞窟一共有三个，分别是第268、第272和第275窟，合称“北凉三窟”。北凉时期是

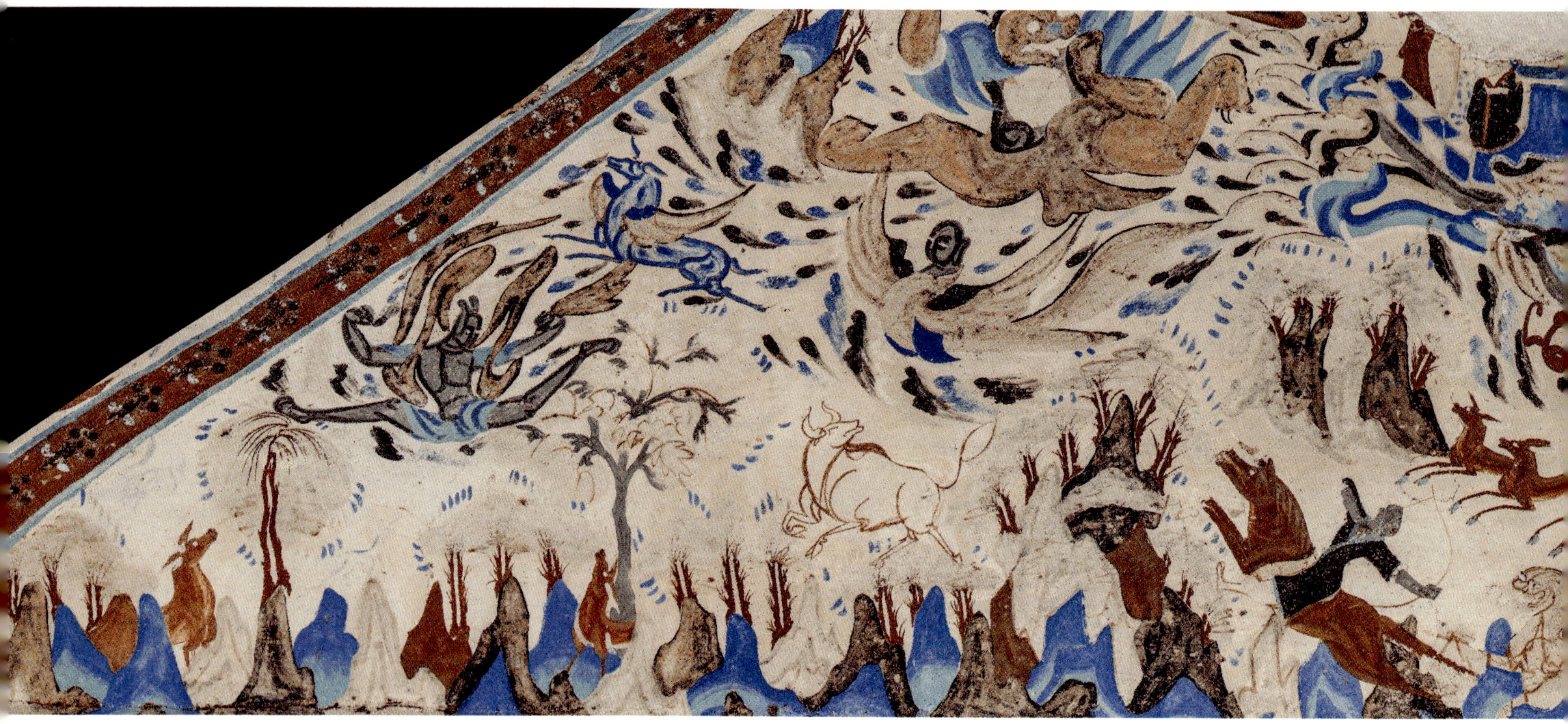

中国石窟艺术的萌芽阶段，所以石窟艺术保存有大量的西域样式和风格，题材上最鲜明的特点是绘制了大量的本生故事画，体现了早期佛教忍辱牺牲的精神。

北凉在公元 439 年被北魏所灭，是北魏统一北方的最后一战。占领河西走廊之后，北魏把北凉的三万户人迁到了首都平城，这其中就有很多凉州的工匠，他们就是北魏皇家石窟云冈石窟的缔造者。后来，云冈石窟艺术开始向四周辐射，北魏皇室就把这种艺术带到了敦煌，这个人的名字叫元荣。敦煌是北魏西部的重要军镇，为了有效控制这片领土，北魏政府于公元 525 年任命皇族成员元荣为瓜州刺史，于是，元荣就来到了敦煌（瓜州的治所，今敦煌市）。就在元荣前往敦煌的同时，北魏的北部边境上正在爆发六镇起义。到了公元 534 年，北魏孝武帝西奔长安，次年被宇文泰用毒酒毒死。宇文泰立魏文帝为新皇帝，历史上称新的国家为西魏，敦煌成为西魏的领土。

东阳王元荣治理瓜州期间，为了争取当地豪族的支持，他积极投身莫高窟的建设之中。考古学家宿白先生经过仔细考证，认为今天莫高窟第 285 窟就是元荣出资开凿的洞窟。第 285 窟开凿于西魏大统四年（538 年），是莫高窟北朝艺术的巅峰之作，洞窟内容十分丰富，不仅有佛教艺术中精美的塑像和故事画，也保存有道家艺术中的风雨雷电等自然之神和《山海经》中记载的各类神兽，甚至，连印度教、婆罗门教、古希腊神话中的诸神都出现在壁画里。因此，第 285 窟被称为“以佛教为主体的万神殿”。除此之

狩猎图 北魏 敦煌莫高窟第249窟北披

外，第285窟的艺术也是独树一帜的，它的风格不再以西域风格为主体，敦煌本地工匠参考魏晋时代河西走廊的墓室壁画艺术，使洞窟成为东西方艺术彼此影响、相互塑造的空间，是佛教艺术中国化的重要阶段。作为地方最高长官，元荣在莫高窟的营建活动引发了当地家族和百姓的纷纷模仿，掀起了继乐僔和法良之后，莫高窟第二个建窟的热潮。

继元荣之后的北周时期，营建莫高窟最关键的人物是建平公于义。元荣在敦煌逝世后，瓜州陷入了争权和反叛的乱局之中，导致元荣的治理成果几乎毁于一旦。为了稳定西北边境，朝廷派于义担任瓜州刺史。抵达敦煌的于义很快明白了元荣的政治智慧，为了联合崇敬佛教的当地豪族，他在莫高窟营建了北朝时代最大的洞窟，这个洞窟应该就是第428窟。第428窟依旧使用了西传的中心柱窟的形式，但在顶部仿照汉式建筑做了两面坡的屋顶结构，表明中式建筑开始改造佛教洞窟。整个洞窟的壁画分为上中下三段。上段是天宫中的天宫伎乐，它们载歌载舞，表现出天宫中的美好景象；中段是千佛、佛教故事画及说法图；下段是供养人。第428窟中一共出现了1189身供养人像，是莫高窟中供养人像最多的洞窟，显示了于义与敦煌当地豪族共治的历史事实。

北周之后，莫高窟的开凿进入了井喷的时代，除了周武帝灭佛运动的结束和隋朝两任皇帝的推崇之外，更重要的是丝绸之路的重新开通。大业五年（609年），隋炀帝西征吐谷浑，打通了前往西域的青海道。之后，他又翻过祁连

左页 / 阿修罗护法神 西魏 敦煌莫高窟第249窟西披

上图 / 飞天 西魏 敦煌莫高窟第285窟主室北披

山巡视河西走廊，在张掖举办了“万国博览会”，重启了这条丝绸之路的黄金道。于是，丝绸之路沿着祁连山开启了“双车道”时代，作为丝绸之路枢纽的敦煌，也即将迎来它最辉煌的时期。依托于隋朝经济发展的红利和文化交流的成果，莫高窟开始大规模营建洞窟，在隋代短短的三十八年中，莫高窟开凿了近百个洞窟，是莫高窟单位时间内开凿洞窟数量最多的时代，反映了中国佛教发展的盛况。除此之外，隋代莫高窟的艺术也是发挥世界影响力的时代，敦煌画师就在这一时期创造出了“三兔共耳”的神秘图像，后来，这个图像沿着丝绸之路传播到了世界各地。

隋朝灭亡之后，因为地理位置偏远，敦煌并没有受到隋末唐初混战的破坏，社会相对比较安定，这为莫高窟的持续开凿奠定了良好的社会基础。从唐朝建国到安史之乱的这个阶段是敦煌经济和文化稳定发展的阶段，也是莫高窟壁画艺术和彩塑艺术的巅峰时期。在塑像方面，以莫高窟第 45 窟为代表的一系列登峰造极的彩塑在这个时期制作

出来，规模最大的莫高窟第 96 窟、第 130 窟弥勒大像也完成了营建工程。壁画方面，敦煌艺术进入了成熟期，以第 220 窟为代表的莫高窟最精彩的壁画艺术几乎都是在这一时期完成的。最值得一提的是，在莫高窟初唐时期开凿的第 323 窟中保存有一幅《张骞出使西域图》，是研究丝绸之路最重要的图像之一。有趣的是，这幅壁画中张骞前方的方形榜题上写着："前汉中宗既获金人莫知名号，乃使博望侯张骞往西域大夏国问名号时。"原来，这幅《张骞出使西域图》的主角变成了霍去病西征河西走廊时缴获的休屠王祭天金人像，汉武帝不知道金人的名号，就派遣了张骞前往西域探明真相。所以这幅壁画是唐朝僧人为了提高佛教的地位，对张骞出使西域的重新编撰，让张骞成为将佛教传入中国的第一人。

从唐朝建立到安史之乱爆发后的这一个半世纪是莫高窟艺术的成熟阶段，此时的佛教艺术已经完成中国化，成为中国古代艺术的重要组成部分。当然，敦煌的故事还没有结束，当莫高窟的艺术发展到极致的时候，又有一种新的艺术汇流进来，那就是吐蕃艺术。

安史之乱爆发之后，为了保卫京城，唐玄宗命令哥舒翰带领河西地区的兵马入驻潼关，这也让平静了很久的吐蕃等来了机会。此时的吐蕃独霸青藏高原，与河西走廊仅仅隔着一座祁连山，等哥舒翰被调到潼关，河西走廊上防务空虚，吐蕃开始大举入侵。公元 786 年，吐蕃终于攻陷了河西走廊上的最后一座城市沙州（敦煌），莫高窟进入了吐蕃统治时期。当时正是"吐蕃三大法王"之一的赤松德赞在位期间，他邀请寂护和莲花生两位大师进藏，使密教成为吐蕃王朝的国教。随着吐蕃占领敦煌，刚刚兴起的吐蕃艺术就出现在了莫高窟的洞窟里，为敦煌艺术注入了新鲜的血液。文化的交流从来都是双向的，当吐蕃人看到已经有四百多年历史的莫高窟时，被这种成熟的佛教艺术所感染，敦煌艺术也被带到了青藏高原，成为藏传佛教艺术的重要养分。

吐蕃统治了敦煌近六十年后，和安史之乱后的唐朝一样迎来了它的衰落。公元 842 年，吐蕃赞普朗达玛在拉萨大昭寺前阅览唐蕃会盟碑时，被僧人用箭射死，吐蕃王朝陷入了内部争权的动乱时期。这场内斗也影响到了河西走廊，为了参与夺权，原来驻守吐蕃的军力大部分调到青藏高原上，敦煌人张议潮终于看到了回归大唐的机会。公元 848 年，张议潮联合敦煌索氏、翟氏、李氏、阴氏等大家族，对敦煌城内的吐蕃军突然发难，一夜之间，沙州复归大唐。之后，河西民众纷纷揭竿而起，张议潮连克伊州（新疆哈密）、西州（吐鲁番）、河州（临夏）、甘州（张掖）、肃州（酒泉）、兰州、岷州（岷县）、鄯州（乐都）、廓州（化隆）等九州，丢失百年之久的大唐国土，全部光复！唐宣宗正式赐张议潮军军号"归义军"，敦煌进入了归义军时代。

豪门望族是归义军政权的主要力量，所以这个时期莫高窟的营建以家族为主体，出现了很多家庙性质的洞窟。为了纪念张议潮的功绩，他的侄子张淮深开凿了第 156 窟，并在窟内绘制了《张议潮统军出行图》。《张议潮统军出行图》即在张议潮被敕封为节度使后对其统军出行的写照。画面中从右至左，依次画了鼓、角手各 4 人，分左右列队。鼓、角手后面有武骑两队，每队 5 人。再后面是文骑两队，每队也是 5 人。在两队文骑之间有舞乐一组，共 8 人，分两组对舞，旁边立乐帅 12 人，后面跟着 6 名执旗者，再后跟随着衙前兵马使 3 骑，散押衙 2 骑。张议潮位于画面中部，穿圆领红袍，系革带，骑白马。其后有拥着"信"字大旗的兵士，最后的射猎、驮运部分有 20 余骑。总体看

佛陀菩萨与千佛 隋 敦煌莫高窟第420窟主室北壁

来，这幅画绘有两百余人。全图作散点、鸟瞰式布局。全图人物众多，结构繁复，但被安排得虚实得当、秩序井然；整个画面相互联系、统一；画家既把握住整体布局，又注意队形变化，前面仪仗队作对称双列并行。作者以华丽的色彩和生动写实的造型呈现出仪仗的威武雄壮，表现了一支威仪赫赫的凯旋之师，中间载歌载舞的舞乐，渲染了欢乐热烈的气氛。这幅画充分表现了张议潮统军出行抗击吐蕃、收复河西的雄壮气势，同时，为研究归义军节度使出行仪仗、河西地区的民族服饰、唐代乐舞等等，提供了宝贵的形象资料。

公元 907 年，唐朝灭亡后，归义军节度使张承奉建立了西汉金山国，自称"金山白衣天子"，敦煌成为首都。然而，这是一个短命的王朝，仅仅在四年之后，曹议金代替张承奉，成为新的归义军节度使，开始曹氏统治敦煌的历史阶段。直到公元 1036 年，第八任曹氏归义军节度使曹贤顺向党项族首领李元昊投降，延续了 180 余年的归义军政权至此宣告终结。

西夏在 1038 年正式建国，在曹氏归义军的末期和西夏占领敦煌的初期，回鹘人一直在敦煌地区活动，因此在莫高窟留存了很多回鹘艺术作品。回鹘壁画最大的特点是以绿色为主色，画面的重复度极高，呈现出单一形象不断重复的现象。这种艺术程式化了的窟顶棋格式团花装饰与四壁简略的净土变，对莫高窟西夏早期开凿或重修的洞窟有着巨大的影响，形成千篇一律的绿壁画。然而，这种情况在西夏的中后期为之一变。1159 年，西夏仁宗派遣使臣入藏迎请西藏佛教噶玛噶举派的初祖法王都松钦巴到西夏传法，都松钦巴因为年老而不能前往，就派遣弟子格西藏索哇来到西夏，藏传佛教美术因此传到了河西走廊。西夏人凭借他们对藏传艺术的高度虔诚，将藏传美术与汉地中原艺术水乳交融地联系在一起，从而架起西藏艺术进入中原的桥梁。西夏藏传绘画把汉、藏两种不同的艺术风格有机融合在一起，形成了一种新的风格。史苇湘总结道："他们摄取了吐蕃、沙州、西凉的佛法，学习了北宋画家的人物造型，辽朝的笔墨构图，回鹘人的色彩装饰，兼收并蓄，融化贯通，被雄强的党项精神铸为一体，成为我国美术史上一个新风格——西夏美术。"

1227 年，蒙古大军攻灭西夏，敦煌进入了蒙古诸王的统治时期。在敦煌艺术中，西夏对元代的影响很大，为了统治西夏故地，蒙元的统治者大量任用西夏人，同时也引入了藏传佛教。由于西夏人在元初藏传佛教的传播中扮演了重要的角色，因此西夏佛教艺术直接影响了元初的藏传佛教艺术创作。通过两个时代的持续营造，以莫高窟为代表的敦煌石窟成为西夏、元时代藏传艺术最重要的保存地之一，成就了如莫高窟第 3 窟等一大批敦煌艺术的代表作品。

到了明代，自从冯胜修建嘉峪关之后，敦煌一直被明王朝轻视。直到 1524 年，嘉靖皇帝下令封闭嘉峪关，敦煌就被完全抛弃在关外了，莫高窟洞窟的营建历史自此终结。

1900 年 6 月 22 日，王圆箓打开藏经洞，敦煌历史则进入了新的篇章。

作者系中国敦煌吐鲁番学会青年学者

供养菩萨 南宋 敦煌莫高窟第320窟主室东壁

趺坐佛说法、九色鹿王本生、须摩提女因缘（前半部）及千佛 北魏

敦煌莫高窟第257窟主室西壁

南无救苦觀世音菩薩

绽放在敦煌的长安之花

——莫高窟第220窟历史与艺术的丝路传播

文／沙武田

敦煌壁画是形象的历史，每一所洞窟是不同时期的图像呈现和历史记忆；敦煌壁画以绘画语言特有的表达方式，直观而形象地展现出一段段真实而丰满的区域历史；因此对每一个洞窟的全面解读，总会剥离出一件件富有历史趣味的故事。

莫高窟第220窟是敦煌石窟的代表窟，又是唐代艺术的精品洞窟；该洞窟不仅有确凿的营建年代，又有丰富可靠文字史料——记载着这一功德家窟和其家族300年的轨迹，因此其“历史性”显得十分丰满，长期以来是人们认识和理解敦煌艺术的重要对象。

更为有趣的是，第220窟壁画经变画，在敦煌艺术史上“前无古人，后无来者”，因为其粉本画稿和艺术风格非敦煌本地所有，而是来自同时期的国际大都会即唐都长安，成为今天我们理解唐都长安艺术难得的文化遗产，也是研究长安艺术的重要途径。

而在近现代对第220窟洞窟本身考古工作的偶然性和趣味性，则加深了今天对该洞窟欣赏考察的意义与价值。

一、洞窟营建基本历史线索

1. 洞窟营建年代

第220窟具体开凿于初唐贞观十六年（642年），窟内有两处记载洞窟营建时代的原始墨书题记，一处位于主室东壁窟门上方，墨书发愿文一方，末署“贞观十有六年敬造奉”字样。

另一处位于北壁药师经变两组胡旋舞图中间灯架上，墨题“贞观十六年岁次壬寅，奉为天（大）云寺律师道弘法师□奉□”，这也是敦煌洞窟群为数不多的留存有确切营建纪年的洞窟之一。以上纪年题记，为我们今天理解该洞窟的历史、图像、艺术、宗教提供了重要的历史时间坐标，其也是敦煌石窟中唐初宗教活动、洞窟营建、家族信仰和佛教艺术的基本呈现。

2. 家窟代表窟

历代世家大族及其发展史，构成敦煌历史的主体内容，家族往往是敦煌洞窟营建的重要功德主，因此“家窟”是敦煌石窟主要的表现形式。第 220 窟主室西壁龛下正中墨书三字“翟家窟”，不仅彰显其家窟的性质，也把作为敦煌历史时期世家大族之一的“翟氏”家族的基本历史记录在这一洞窟当中。另据 1976 年从甬道新剥出的壁画上留下的墨书文字《检家谱》和其他题记可知，第 220 窟功德主翟氏一族早在北朝时期既已迁到敦煌，唐贞观年间在莫高窟标志性建筑“南大像”和“北大像”之间营建功德窟第 220 窟；更为有趣的是，我们今天可以在洞窟中看到第一次初唐贞观年间营建的全貌，第二次吐蕃时期改造甬道的痕迹，以及第三次晚唐时期重绘甬道的部分壁画，乃至于第四次

七身药师佛 初唐 敦煌莫高窟第220窟主室北壁

五代后唐同光三年（925年），贞观年间建窟的“乡贡明经、授朝议郎行敦煌郡博士”翟通的九代孙、时任归义军“节度押衙行随军参谋兼御史中丞”“敦煌历学博士”的翟奉达率领族人进行了重修，该次重修在甬道北壁新画“新样文殊”一铺。至此，该家族对此洞窟的管理重修活动仍然在延续，到了归义军晚期的曹元忠、曹延禄时期，最后一次大规模的重修活动，把窟内前期所有的壁画全部覆盖，重修加了一层地仗，其上绘制新的壁画。一个洞窟中家族营建管理的历史如此漫长完整，实不多见，是中古时期家族活动最好的历史影像资料。

二、富于趣味性的洞窟考古保护记事

今天走进第220窟，看到的是精美的初唐壁画，分别是主室南壁的观无量寿经变、北壁的药师七佛经变、东壁门上和门两侧的维摩诘经变，西壁龛两侧是文殊变和普贤变，均为大型经变画代表。但实际上在20世纪40年代之前该洞窟面貌和今天完全两样。据1908年法国人伯希和考察队在洞窟拍摄的照片，洞窟主室南壁是瑞像和史迹画集一铺。另据1943—1944年随常书鸿到敦煌进行拍摄的国民党中央通讯社记者罗寄梅、刘先夫妇在第220窟所拍照片，南壁下层的唐代净土变已经部分被剥离出来，同时也拍有北壁上层的

弥勒经变，但东壁上层经变不得而知。到了1976年敦煌文物研究所把第220窟甬道曹氏归义军后期即宋代所重修部分做了整体前移，露出底层五代翟奉达于925年重绘的北壁新样文殊图像，南壁中唐吐蕃时期开挖的小龛图像及龛上下中晚唐壁画也显现出来。因此，今天我们在第220窟从甬道外进入后可以依次看到1976年移出的甬道上层宋代供养人像、五代和中晚唐重修重绘的壁画及小龛，主室四壁壁画全是1943—1944剥离出来的底层初唐贞观年间的大型经变画，窟顶四坡及藻井仍然是宋代翟氏家族最后一次重修时的千佛图像等，五个时代的洞窟营建、维修、管理的历史轨迹清晰可见，实是佛教石窟营建历史上的奇葩，更是石窟考古与保护学术史上难得的具有复杂性、多样性实例的代表。

三、盛开在敦煌的长安之花

莫高窟第220窟初唐营建之初，在洞窟主室绘制了当时在敦煌没有见过的全新图样，以整壁一铺大型经变画的形式布局，一改之前敦煌洞窟隋和初唐时期以千佛、说法图题材布局于各壁的形式，表现了全新的时代风貌。

西方极乐世界 初唐 敦煌莫高窟第220窟主室南壁

无论是南壁大型豪华经变画观无量寿经变，还是南壁在敦煌石窟中仅见的七佛药师经变，包括东壁门两侧和门上的维摩诘经变，均是这些图样在敦煌的首次出现，学者们往往称其为“贞观新样”，也就是说这些图样是贞观年间出现的新的佛教绘画的样式，应该是当时长安寺观壁画中新出现的作品，在第一时间随着当时的丝绸之路传到了佛教之都敦煌，并第一时间被具有政治敏锐性的翟氏家族所选中，第一时间被画入新开的洞窟当中，实是作为贞观新样的长安时尚粉本画稿进入敦煌洞窟的头例，有重要的图像传播意义。

更为有趣的是，学术界长期以来一直认为，第220窟主室各经变画从其艺术表现形式而言，具有画史所谓佛教“四家样”之一的“吴家样”风格特征，即“吴带当风”“满壁风动”是也。当然第220窟壁画绘制的时代要早于吴家样的代表人物吴道子活动的时间，因此更加准确地说，该窟的艺术是“前吴家样”风格作品，这样也为我们今天理解中国绘画史上传为美谈的吴道子“吴家样”艺术风格提供了一个思考的侧面，即吴家样也不是空穴来风，而是有其深厚的时代艺术背景做铺垫。

第220窟壁画绘制的年代，正是隋唐长安和洛阳地区寺院壁画兴盛的时期，据《寺塔记》《历代名画记》等唐代画史文献记载，这一时期活跃在画坛上的著名画家们，往往是在长安和洛阳的寺院墙壁上向社会展示个人的艺术才华，寺院也利用他们的才气为自身增加人气，寺院成了最新的艺术品汇聚的“公共场所”。莫高窟的洞窟也有同样的社会功能和艺术背景，以第220窟“翟家窟”为代表的隋末唐初的一批洞窟，也一定是那个艺术飞扬的时代，敦煌的艺术工匠们展现他们自己艺术才华的圣地。虽然他们并没有像长安那些闻名画坛的画家一样能够创造出属于自己的艺术图本，但是他们可以利用新传来的长安粉本画稿，在敦煌的洞窟中把长安地区最具艺术感染力的作品第一时间画入洞窟。

今天我们在长安和洛阳地区根本无法看到最盛时期寺院墙壁上名家高手作品比比皆是的盛世景象，即使是残垣断壁也难觅踪影，但是走进敦煌的同时期洞窟当中，仍然能够看到当时艺术的最美靓影，可以让人观想到那个盛世的时代，这大概应该是敦煌艺术最重要的历史意义和时代价值。

四、洞窟中最具时代回响的丝路记忆

唐代初年，随着唐太宗的文治武功，出现中国封建大一统王朝时期少有的盛世，史称“贞观之治”，大唐气象初现端倪。而自高祖李渊、太宗李世民以来在唐王朝政治社会生活中扮演重要角色的“胡风”“胡气”，如胡食、胡乐、胡舞、胡服、胡妆、胡人、胡语，等等，其中胡舞以胡旋舞、胡腾舞、柘枝舞、乞寒舞等为代表。这一时期胡风舞蹈影响极盛，以至于出现在敦煌莫高窟洞窟“贞观新样”的“翟家窟”壁画中，其中代表画面即南北两壁经变画中的三处大型胡旋舞场景。画面中舞者为天人形象，两两起舞，舞蹈者均舞于一小圆毯上，胡旋舞姿旋转特征明显。舞蹈画面特征符合文献中对“胡旋舞”的记载：“舞急转如风，俗谓之胡旋”（《通典》卷146《乐六》记“四方乐”“康国乐”）；“胡旋舞，舞者立毬（毯）上，旋转如风”（《新唐书·礼乐志》）；“舞有骨鹿舞、胡旋舞，俱于一小圆毬（毯）子上舞，纵横腾踏，两足终不离于毬（毯）子上，其妙如此也”（段安节《乐府杂录》“俳优条”）。这些画面也符合白居易《胡旋女》、元稹《胡旋女》诗中的精彩描写，成为今天了解和研究胡旋舞最具代表性的图像。

如此大型的胡旋舞画面被画家们以独有的方式安排在经变画中，当是长安地区胡风初盛时期人们对胡舞的衷情，而其出现在敦煌的洞窟中，实是敦煌作为丝路交通重镇的形象体现，也是功德主翟氏家族作为来自中亚的粟特胡人对本民族舞蹈的热爱与文化认同。

五、一幅珍贵的唐长安上元夜间乐舞图

第220窟北壁药师七佛变中的大型胡旋舞场景，在两铺舞蹈图中出现三处大型燃灯的场景，分别是出现于乐舞中间的方形九层灯架（实为灯楼），和两侧的二圆形四层灯树（灯轮），两种不同结构形制的灯具，正是唐代诗人在诗歌中描述的长安城上元夜皇室大型灯会中的豪华灯具，著名的唐代宰相兼诗人张说在《十五日夜御前口号踏歌词二首》中是如此描述这一盛况的：

> 花萼楼前雨露新，长安城里太平人。
> 龙衔火树千重焰，鸡踏莲花万岁春。
> 帝宫三五戏春台，行雨流风莫妒来。
> 西域灯轮千影合，东华金阙万重开。

诗中展现出来的即上元夜唐长安城踏歌灯会的盛大场景，其中的灯具恰是两种：分别是西域式的“灯轮”和中土式的“金阙”。显然前者为圆形（灯轮），后者为方形（灯楼），正是第220窟这铺乐舞图所反映的两种完全不同形制的灯的形象。

第220窟该铺乐舞图所反映的场景，经过我们的研究，实是唐长安城上元夜盛大灯会的再现。如此大型豪华型灯的设施出现在初唐的敦煌洞窟壁画净土变中，让我们还是感觉到不一样的历史背景，上元灯会在唐代的长安、洛阳两京地区确是璀璨一时、千变万化，成为长安城上自皇室、百官、达贵，下自普通居民流连忘返的娱乐项目，给当时的长安城和东都洛阳增添了一道非常亮丽的风景，《明皇杂录》记：“上在东都，遇正月望夜，移仗上阳宫，大陈影灯，设庭燎，自禁中至于殿庭，皆设蜡炬，连属不绝。时有匠毛顺，巧思结创缯彩，为灯楼三十间，高一百五十尺，悬珠玉金银，微风

维摩诘经变 初唐 敦煌莫高窟第220窟主室东壁

一至，锵然成韵。乃以灯为龙凤虎豹腾跃之状，似非人力。"

这种在唐代最盛时期流行的高楼形并可变换为各种形状的灯饰，或可能与第220窟乐舞图中的灯楼有些联系，也可认为第220窟的灯楼正是匠人毛顺在东都洛阳所造大型灯楼的雏形或缩影。

六、体现唐帝国"万国来会"场景的"外族藩王使臣问疾图"

莫高窟第220窟的维摩诘经变，是维摩诘经变发展到初唐时期出现的全新样式，具有划时代意义，究其原因，则和初唐丝路的开通后从中原传入的粉本有密切的关系。第220窟维摩诘经变作为艺术史上的"贞观新样"，其核心的画面元素即出现在维摩诘经下方的帝王大臣问疾图和出现在文殊下方的外族藩王使臣问疾图，这些新画面是在贞观年间长安形成的新样传到敦煌后的作品，其背景则和画史文献记载贞观年间长安地区创作古今帝王、藩王使臣像的风气有密切的关联。

在长安地区寺观完成的"贞观新样"的维摩诘经变，之所以会出现中原帝王群臣与外族藩王使臣问疾的场景，并且以相对应的形式布局画面，若再结合第220窟帝王群臣身后出现的外族藩王使臣形象，显然有明确的现实背景和强烈的政治寓意，强调的是贞观四年（630年）唐朝灭北突厥

乐队及胡旋舞 初唐 敦煌莫高窟第220窟主室北壁

后："四夷君长诣阙请上为天可汗，上曰'我为大唐天子，又下行可汗事乎！'群臣及四夷皆称万岁。是后以玺书赐西北君长，皆称天可汗。"

李世民"天可汗"地位的确立，也是近现代史家所言以"李唐王朝"为核心的"中国文化圈"亚洲政治新格局形成的图像体现，是"万国来会""四夷宾服"观念的形象表达。有如此强烈政治寓意的画面，被有敏感政治嗅觉的敦煌翟氏家族在贞观十六年画入洞窟壁画中，实是敦煌当地家族强烈的国家意识的体现，也是敦煌在丝路交通中重要地位的体现。

总体而言，第220窟作为敦煌历代洞窟中的代表窟，作为家窟中的珍贵作品，把一个家族的历史以十分形象的资料记载了下来，成为中古家族艺术、宗教、政治活动的一个缩影；而其在我们今天复原和理解唐长安时尚生活与盛世场景中所扮演的重要角色，作为珍贵的形象史学研究对象，其意义和价值无法替代；至于其在丝路历史、丝路考古研究中的地位，其中记载着的浓厚的丝路风情，实是今天国家"一带一路"倡议中最具有历史认同和文化认同的历史文化遗存。

作者系陕西师范大学图书馆馆长、历史文化学院教授、教育部长江学者

远眺麦积山

右胁侍菩萨像　北魏　天水麦积山石窟第76窟

佛陀坐像　北魏　天水麦积山石窟第133窟

麦积山石窟造像艺术特点

文／项一峰

佛陀坐像 西魏 天水麦积山石窟第20窟

麦积山石窟是中国“四大石窟”之一，全国重点文物保护单位，世界文化遗产“丝绸之路：长安—天山廊道路网”的遗产点之一。始建于东晋十六国后秦时期（384—417年），历经北魏、西魏、北周、隋、唐、五代、宋、元、明、清各朝代1500多年以来的开凿和重修，现存大小窟龛221个，各类造像3938件10632身，壁画近1000平方米，因其拥有大量精美的泥塑造像和艺术价值极高的早期壁画，被称为“东方雕塑陈列馆”“古代壁画宫”。石窟造像艺术，反映了印度佛教造像经丝绸之路在中国传播并与中国故有民族传统文化艺术相互碰撞融合，演变创新发展成为中国佛教造像艺术的历程。

一、石窟初创，胡貌梵像

印度佛教传入中国，据文献记载在两汉时期，初入为经像并传。印度佛教造像早期具有秣菟罗、犍陀罗两种不同的艺术体系，随后这两大佛教造像艺术混流，相互影响，形成笈多艺术。它们都先后传入我国，从考古发掘实物来看，早在东汉时期的四川地区就有乐山麻浩岩墓、柿子湾崖墓、彭山区夹江崖墓等多尊佛造像，陕西咸阳成任墓也出现了两件金铜佛像，都具有犍陀罗造像风格。随着佛教造像在中国的传播和发展，西晋时对印度传来佛教造像仪范产生变化，如曹不兴“仪范写之”佛像，应该有其本人的审美因素。卫协作佛教画更明确了这一点，《古画品录》誉之为“古画皆略，至协始精，六法之中，颇有兼善，虽不该备形似，颇得壮气，凌跨群雄，旷代绝笔”。由于曹不兴、卫协等人画风的变化，中国佛像已完全超越了印度佛像的样式，逐渐步入汉化，对以后的中国佛教艺术的制作产生着很大的影响。东晋戴逵造佛像，躲在自己所造佛像背后的帷幕中，听取人们的议论，以观众的审美标准加以修改。这说明中国佛教造像者于此时已摆脱以往以外来蓝本临摹的习惯，大胆地创造出大众喜爱的佛像新形式。这也反映了传入中国的印度佛教造像艺术受中国文化艺术的影响，慢慢中国化、本土化。随着南北朝时期佛教造像艺术中国化进程加快，形成了具有中国特色的中国佛教艺术。

麦积山石窟造像的传入：因石窟位于甘肃天水（古秦州），地理位置特殊，是丝绸之路东下西上传弘佛教往来的重要路经地，又与四川相邻，早有往来，无疑受到丝路西、南两线传播的影响。石窟佛教造像，除外来艺术风格外，着重反映中华民族传统文化艺术，并具有地方性的特征。现存最早的后秦第74、78窟造三佛，胁侍、交脚、思惟菩萨等造像，佛高肉髻，旋涡水波纹发髻，面形方圆，宽额，高鼻深目，双目睁开下视，薄唇，大耳下垂，表情庄重而神圣；内着僧祇支，外着偏袒右肩袈裟，衣纹为阴刻细密线凸起泥条式折纹，结跏趺坐说法或禅定，体态挺拔，健壮威严；既有秣菟罗艺术造像特点，亦具有犍陀罗艺术造像特点。其中斜披袒右袈裟又搭于右肩头，在印度佛像中未见，应该是受秣菟罗造像佛斜披袒右袈裟的影响，而中国自创的佛像袈裟样式。旋涡纹发髻，具有汉民族绘画的装饰性。神态方面，既含有犍陀罗地区流行受希腊文化影响下的“神佛融合”佛教造像特征，也含有秣菟罗受印度本土文化影响下的“人圣融合”的佛教造像特征。这与公元1世纪后印度大乘佛教兴起有密切的关系。第74、78窟为后秦皇帝姚兴的功德窟，佛整体造像，“既有中国帝王的庄严雄伟，又具北方民族彪悍的体魄和宽厚平和的神态，其稳定坐势更像西北人坐炕的生活习俗”。这也恰恰符合佛教初期传入中国，黄老浮屠同祠，与神为誓，及后“佛是戎神，正所应奉”“天子即佛”等文化思想观念。中国早期佛像具有“人、天子、圣、神”多种思想观念的艺术特征。

菩萨头戴三珠宝冠，发髻束帛带，辫披于肩头，袒上身，斜披络腋，飘带自颈后向前绕肘部垂下；下穿羊肠裙，紧裹腿部，双膝突出，具有犍陀罗艺术的造像特征；面形丰腴，宽眉高鼻，壮硕体态，已明显表现出北方少数民族的特点；菩萨束发披肩与氐族妇女“编发”，羌人“被发”相似，反映氐、羌民族的装饰。这与第78窟羌族姚氏开窟造像，后经仇池氐族供养人重修的历史吻合。

第74窟佛背项光中几身飞天，上身裸露，颈戴项圈，臂戴钏，手戴镯，下着裙紧贴双腿，露足，披巾绕臂飘扬，形体委婉柔和，线条组合严谨，纤细而有力，不同于后来飞天拖长裙博带的形象，应该是受西域和凉州石窟造像艺术的影响。

北魏早中期造像基本继承和延续后秦艺术特点，但有所变化。例如：早期第71、128、148、80窟，佛袒右袈裟从搭右肩开始覆盖至肘背外侧。中期第69、86、114、115、155窟，佛袒右袈裟覆盖到全肘，有胜者延伸到右胸侧，似双领下垂对襟式袈裟，也出现了悬裳的做法。佛通肩袈裟由绕颈（似高领）向下变低（圆领），不再紧绕脖颈，衣纹阴刻胸前呈U字形。胁侍菩萨开始出现交叉于腹部的披帛形式，衣纹有稠密的阴刻线逐渐趋于疏松，线条也略显粗壮，衣质感由轻柔贴体变为显得厚重一些。这或许与印度和中国在地理位置、气候温度，以及生活情感等因素上不同有关。飞天在中期已演变为体态轻盈的南朝飞天，反映其受了南朝佛教和艺术的影响。

二、华夏风范，秀骨清像

北魏后期造像，受孝文帝实施一系列“汉化政策”的影响，发生了巨大的变化，完全演变为汉民族化“褒衣博带”“秀骨清像”的艺术特点。代表窟有第81、110、121、122、127、133、

142、147、172窟等。第147窟佛像螺纹高肉髻，长圆脸，细颈削肩挺胸，体态修长，内着僧祇支，腰际系带下垂，外着双领下垂宽博袈裟，结跏趺坐，衣裾下摆呈八字形三重垂于龛台前，服饰上阴刻稀疏刚劲的衣纹线。整躯造像，神情恬静肃穆，体态轻秀挺拔，服饰厚重华丽，具有典型的"秀骨清像"的特点，是麦积山石窟乃至中国美术史中代表作之一。第121窟菩萨与弟子、螺髻天王与弟子的两组塑像，形态生动、亲切可爱，他们打破了人们过去对佛祖说法，菩萨、弟子、天王等听众造像常规的认知，一般都表现出虔诚、恭敬、庄严、宁静等严肃庄重及会心微笑祥和的神情姿态。他们两两头靠头，肩并肩，相依而立，仿佛在悄悄地耳语，有一种不一样的佛教造像艺术所带来的体悟和感染力。弟子的双手手掌根部靠在一起，掌心分开，似开似合的双手，又似听佛说法到精妙之处，忍不住拍手称赞叫绝。他们或是在听法时突然有了极大的感悟，或是受到了外界干扰，一时忘记了佛在上面讲法，而迫不及待

左页 / 佛陀 北周 天水麦积山石窟第22窟
上左 / 胁侍菩萨 西魏 天水麦积山石窟第135窟
上右 / 佛弟子 北魏 天水麦积山石窟第139窟

地进行私下交流，喜悦微笑，窃窃私语。他们已成为佛教造像艺术中最独特的情景。这种人间化、民族化、人性化的特征，是麦积山石窟跨越历史的艺术魅力所在。凡看到这两组塑像者，无不为它那匠心独运的构思，巧妙的组合，塑造技艺高超，形象生动逼真，充满生活气息又极富人情味的塑像艺术所赞叹，引起遐想。第 133 窟弟子阿难，因形象稚嫩，被俗称“小沙弥”，面露憨厚而又略带稚气的神情，俯首侧耳，似乎在专心致志地聆听佛的说法；细眯的双眼，又好像在琢磨刚才的教诲，而那深深刻印在他嘴角上，永远的会心而甜蜜的微笑，更像是领悟了佛法的奥妙真谛。人物形貌天真聪慧，憨厚纯朴，生动传神；身体比例协调，衣纹概括简洁，雕塑技巧达到出神入化的境界，是一件具有民族风格和高度艺术价值的造像，被称为“东方微笑”。10 号造像碑，分上中下三段多格的布局构图形式，雕刻不同题材内容的经变造像，其中有：释迦多宝二佛并坐、交脚弥勒菩萨，释迦佛表现的过去、现在、未来三世佛；维摩诘经变的文殊维摩诘说法；佛本生故事的燃灯佛授记、借花献佛；佛传故事的乘象入胎、下腋诞生、九龙

右页／胁侍菩萨与弟子像　北魏　天水麦积山石窟第121窟右侧

上图／佛陀坐像　北魏　天水麦积山石窟第69窟

沐浴、剃度出家、树下思惟、降魔成道、鹿野苑说法、涅槃等情节。有言“其中北魏的造像和一三三窟的十号造像碑，特别生动，雕刻极为细致和稳健，保持我国民族艺术的独特风格”。它是北朝时期中国佛教造像中题材内容、情节众多，雕刻最精美的造像碑之一。

这一时期还出现了大型经变画。如第127窟“西方净土变”“维摩诘经变”“涅槃经变”“睒子本生”“萨埵那太子舍身饲虎”等，是中国石窟寺中现存时代最早、尺幅最大、艺术水平最高的大型巨作。经变画气势宏伟、内容丰富、人物众多、造型多样，其中飞天为束发髻，上着双领宽袍大袖服，下着长裙。壁画中众多人物与顾恺之《洛神赋》的画风似同。“睒子本生”画面将人物情节及山水等自然景观融为一体，构图巧妙，布局合理，情节生动，主题鲜明，技法成熟，既是一幅美妙的长卷故事画，又是一幅秀丽的山水人物画。有研究者称之为“中国山水画的鼻祖”，具有十分重要的艺术价值。

西魏时期造像，在北魏晚期“秀骨清像”的基础上产生了一些变化，佛菩萨等造像，面部神态及身材趋于饱满挺拔，给人一种宁静慈祥的感觉。人物服饰依然保留着“褒衣博带”的风貌，但服装质感厚重，层次繁缛清晰，线条流畅分明，质朴而不失奢华，一股清新之风扑面而来。如第20、43、44、102、105、123、146窟。佛高肉髻，面容姣好，五官秀美，两颊丰润；着双领厚重下垂袈裟，身躯逐渐趋于圆润，脱落了清俊消瘦的样子。突出的是发髻和衣裾方面的较大变化，样式丰富的旋涡纹、水波纹和螺纹发髻交相辉映。八字形重叠衣裾和三片式衣裾并存，衣纹线条更加简练流畅，具有自然的韵律美，生动再现了当时南朝与中原地区佛教造像艺术的交流和融合。第44窟主佛，五官清秀，面带微笑，肌肤细腻光洁，体态厚重，身体微微前倾，低头下视，手施无畏、与愿印。从造像形态和神态来看，既有佛陀的大度和慈祥，也有人间父辈的胸怀和担当，并有母性的柔情善良。这种艺术上更加追求真实和浓郁的人情味，达到人佛交融的高度，也反映佛教文化艺术的人间化，造像艺术水平极高。现一般认为此窟是秦州刺史武都王元戊请皇家工匠为死去的母亲修建的功德窟，以西魏皇后乙弗氏为蓝本而塑像。造像结合了西魏皇后乙弗氏的

坐佛局部 西魏 天水麦积山石窟第44窟

悲剧历史，她是一位温柔可亲、恭谦善良、美丽的弱女子，后来出家为尼，但她情系国家社稷，悲悯苍生，为天下康宁而了结了自己年轻的生命。这尊“形神兼备”且技艺超群的美妙造像，其艺术的魅力能折服所有观者。

三、变革创新，珠圆玉润

北周时期造像艺术风格产生了很大的变化，一改西魏造像繁缛华丽、服饰厚重的特点，无论是佛、菩萨、弟子，还是飞天和力士，服装轻柔而贴体，皆展现出一种雄健挺拔、恬静自然的气韵，面相方圆、五官清秀而紧凑。如第3、4、12、26、27、62、141窟。第141窟佛，低平肉髻，短颈宽肩，腹部凸出，身体壮实，着通肩或双领下垂袈裟，衣裾下摆紧贴坛座，阴刻圆润流畅的褶皱纹。菩萨也由束发高髻变为头戴花冠，披巾横于胸腹两道或挂长瓔珞，体态婀娜而不失端庄。造像“敦厚朴实”“珠圆玉润”，上承两魏风格，下启隋唐新风，表现出时代的特征。第4窟壁画中佛、菩萨、弟子、飞天等，出现了前所未有的艺术形式，被称为“薄肉塑”。飞天采用塑绘相结合的艺术手法，将面部、手、足等肉体裸露部分，均采用浅浮塑；而发髻、服饰、披巾、瓔珞、花卉、流云等则彩绘而成。两者之间的结合天衣无缝，塑绘的巧妙运用，构成了一幅幅栩栩如生的飞天像，有呼之欲脱壁而出的感觉。这种新艺术形式的壁画，为麦积山石窟所独有，在中国美术史中具有重要的价值和意义。

四、盛世荣光，丰满圆润

隋唐时期造像，艺术风格主要体现出“丰满圆润”，神情雍容大度，服饰繁缛华贵的特征，代表窟有第5、8、13、14、37窟等。隋第13窟摩崖石胎泥塑“弥勒三尊”，整组造像面阔18米，高17米，进深1米，是麦积山石窟第一大像。造像伟岸高大，气势磅礴，神态安逸，清俊慈祥；采用大体积、大块面的塑作手法，简洁概练，厚重饱满，神情雍容大度。第14窟力士，头大脖短，豹眼怒睁，鼻翼扩张，颈部静脉凸出，上身袒露，丰胸宽肩，肌肤劲健，身体向左侧弯成弓形，突出地表现了人物勇猛威武、无所畏惧的气势。菩萨S形的扭动体态美妙动人。唐第5窟佛菩萨，面形方圆，五官俊秀，面带微笑，躯体结实饱满，神态质朴，富有气势。菩萨束发戴花冠，戴项圈、臂钏、手链；披帛、着长裙，彩绘华丽。这时期佛菩萨造像，健壮体格，丰满圆润，符合当时以胖为美的时尚；衣着富丽堂皇，反映了隋唐盛世中国佛教昌盛的景象。壁画供养人的高贵华丽的服饰和雅而不俗的气派是权势贵妇的写照。

五、世俗民间，写实求变

五代宋时期以后造像，继承了过去中国化、人间化的特点，写实求变发展形成世俗化、民间化的艺术特征。代表窟有第4、9、43、90、127、165、48、35、1、2、12、25窟等。五代第43窟菩萨，头束高发髻，戴花冠，头略倾斜，面形圆润，五官秀美，上着束领小袖衣，外罩半肩衫，似有臂钏束臂，下着束腰带长裙，紧裹双腿。造像挺胸、扭胯，身姿婉约，服饰装饰烦琐。造像虽不失唐代的特征，但已发生了很大的变化，具有强烈的时代感，是件难得的五代精品佳作。

第133窟以高度伟岸的释迦佛与矮小的罗睺罗结合的塑像，表现了释迦佛会见罗睺罗的故事。佛略低头，微向前倾，表情含蓄，左臂平抬手势似花，右臂斜伸，手置罗睺罗头顶上方做抚摸状；罗睺罗，双手合十，恭敬虔诚地站在佛右侧前。佛表情神态及栩栩如生的手势，流露出一位父亲抚摸爱子的亲切感情，十分动人。造像形象优美，形神兼备，艺术水平很高，为麦积山石窟宋代造像的精品代表作。供养人，梳髻戴冠，鹅蛋形脸，丹凤眼、柳叶眉、高胆鼻，樱桃小嘴、斜眉上挑、四瓣小口，上身穿右衽束腰大袖衣，下穿覆脚长裙；衣纹稀疏，写实性极强，造像神态自然，表现了一位宋代世俗妇女的形象。供养人造像高大地站在佛的左右，打破了常规的佛教造像规范。元代第35窟佛、第48窟“四臂观音”体现了藏传佛教密宗造像的风格。明代第2窟地藏菩萨、地狱十王像，第9窟“双身童子”“化生童子”具有杨柳青所绘民间童子年画的风格。他们都不失为中国佛教造像地方化、民族化、世俗化、民间化的典范。

作者系麦积山石窟艺术研究所研究馆员

左图 / 胁侍菩萨与弟子像 北魏 天水麦积山石窟第121窟 / 右图为局部

秦州天水郡麦积崖佛龛铭并序

麦积崖者，乃陇底之名山，河西之灵岳。高峰寻云，深谷无量。方之鹫岛，迹循三禅；譬彼鹤鸣，虚飞六甲。鸟道乍穷，羊肠或断。云如鹏翼，忽已垂天；树若桂华，翻能拂日。是以飞锡遥来，度杯远至，疏山凿洞，郁为净土。拜灯王于石室，乃假驭风；礼花首于山龛，方资控鹤。大都督李允信者，籍以宿植，深悟法门，乃于壁之南崖，梯云凿道，奉为亡父造七佛龛。似刻浮檀，如攻水玉。从容满月，照曜青莲。影现须弥，香闻忉利。如斯尘野，还开说法之堂；犹彼香山，更对安居之佛。昔者如来追福，有报恩之经；菩萨去家，有思亲之供。敢缘斯文，乃作铭曰：

镇地郁盘，基乾峻极。石关十上，铜梁九息。百仞崖横，千寻松直；阴兔假道，阳乌飞翼。载辇疏山，穿龛架岭。纠纷星汉，迴旋光景。壁累经文，龛重佛影。雕轮月殿，刻镜花堂；横镌石壁，暗凿山梁。雷乘法鼓，树积天香。嗽泉珉谷，吹尘石床。集灵真馆，藏仙册府。芝洞秋房，檀林春乳。水谷银砂，山楼石柱；异岭共云，同峰别雨。冀城余俗，河西旧风。水声幽咽，山势崆峒。法云常住，慧日无穷。方域芥尽，不变天宫。

庾信·北周

壁画　北周　天水麦积山石窟第4窟廊右侧顶部

藻井残壁画　北周　天水麦积山石窟第3窟第二龛顶

佛陀　北魏　大同云冈石窟第20窟

论云冈模式

文／杭侃

佛陀 北魏 大同云冈石窟第5窟西壁

《魏书·释老志》中有一段论及龙门石窟开凿的文献，殊为珍贵：

“景明初，世宗诏大长秋卿白整准代京灵岩寺石窟，于洛南伊阙山，为高祖、文昭皇太后营石窟二所。初建之始，窟顶去地三百一十尺。至正始二年中，始出斩山二十三丈。至大长秋卿王质，谓斩山太高，费功难就，奏求下移就平，去地一百尺，南北一百四十尺。永平中，中尹刘腾奏为世宗复造石窟一，凡为三所。从景明元年至正光四年六月以前，用功八十万二千三百六十六。”

这段文献包含着很多信息。

宿白先生十分重视云冈石窟的研究，从20世纪40年代起，到2010年发表《试释云冈石窟的分期——〈云冈石窟卷〉画册读后》，可以说云冈石窟的研究贯穿了他整个的学术生涯。他强调云冈石窟在早期石窟研究当中的重要性：“云冈石窟影响范围之广和影响延续时间之长，都是任何其他石窟所不能比拟的。这种情况，恰好给我们石窟研究者提供了对我国淮河以北的早期石窟（5世纪后半叶到7世纪前叶）进行排年分期的标准尺度。因此，云冈石窟就在东方早期石窟中占有极重要的地位，对它的研究在很大程度上成了研究东方早期石窟的关键；对它研究的深入与否，直接影响一大批石窟的研究工作。”

云冈石窟是统治中国北方的北魏皇室集中了全国人力、物力所兴造的一处皇家石窟，从建都平城之年起，凡是从被北魏灭亡的各个政权区域内强制迁徙，或是从南北战场俘获的人口、财物，主要都集中到平城及其附近。宿白先生统计了在此过程中的移民数量后总结：“集中的数字是庞大的，就人口而言，最保守的估计，也要在百万人以上；而被

强制徙出的地点如山东六州、关中长安、河西凉州、东北和龙（即龙城）和东方的青齐，都是当时中国北方经济、文化最发达的地方。迁移的同时，还特别注意对人才、伎巧的搜求。”在此基础上兴建的云冈石窟，自然会产生出新的模式，“平城既具备充足的人力、物力和包括工巧在内的各种人才；又具有雄厚的佛事基础，包括建寺造像的丰富经验；还和早已流行佛教的西域诸国往来密切，包括佛像画迹的传来；有了这些条件，北魏皇室以其新兴民族的魄力，融合东西各方面的技艺，创造出新的石窟模式，应是理所当然的事”。

龙门石窟是在云冈模式影响下开凿的石窟，《魏书·释老志》中明确地记述了宾阳洞的开凿是想“准代京灵岩寺石窟，于洛南伊阙山，为高祖、文昭皇太后营石窟二所”，也就是继承了云冈石窟为二圣造像的传统开凿成组的双窟。后来在开凿的过程中，刘腾又为宣武帝祈福，增凿了一座洞窟，是为宾阳三洞，探究宾阳三洞的开凿过程对于我们理解云冈石窟的双窟和三窟也是有帮助的。

问题是“准代京灵岩寺石窟”开凿的宾阳洞，不论是洞窟形制和造像题材、造像风格，均与云冈石窟有比较大的差异，这就涉及“模式”的内涵。继宿白先生提出凉州模式、云冈模式的概念之后，不断有学者参与石窟兴造中模式与样式的讨论。什么是石窟兴造的模式，模式和样式有什么样的区别等等，都是可以进一步深入讨论的问题。从现在发表的文章来看，宿白先生对于云冈模式的阐述也有一个不断思考的过程，本文仅就宿白先生对于云冈模式的论述加以研读。

宿白先生在《平城实力的集聚和“云冈模式”的形成与发展》一文中对“模式”进行了定义，强调了模式的讨论应该和洞窟的分期排年结合在一起考虑，云冈模式只是一个统称：“20世纪初以来，研究者在调查其历史年代和艺术源流之次，逐渐研讨其排年分期和窟室类型。首先出现某些有代表性特征的类型，可暂称之为模式。云冈模式先后有显著的发展变化，它的出现与发展都应与分期问题联系起来。”

那么具体到云冈石窟的三期洞窟，与云冈模式的关系究竟如何呢？

宿白先生在《莫高窟现存早期洞窟的年代问题》里也讨论了云冈模式的问题：“迁洛以前，平城作为魏都已近百年（398—494），当时平城及其附近集中了大量的财富和接近百万的人口，其中包含有来自中原北方各地的各种人才，北魏皇室权贵在云冈兴凿石窟之初，平城内外修建佛寺已继续进行了半个多世纪，尽管其间经历了六七年的灭佛阶段。因此，我们可以设想当时平城的佛教建置已具有一定的基础，如果说，我们对复法不久开凿的云冈第一期石窟完全形成了自己的特色抱有疑虑的话，那么，大批兴建的第二期石窟工程已完成‘云冈模式’，应该说是没有什么问题。迁洛以后，云冈窟龛的雕造并未衰歇，大约到了公元515年孝明帝即位后，洛阳才大事兴修佛寺，中原北方地区才又可能出现一新的佛教建置的典型所在。以上说明，从460年以后，到6世纪初，出现可以作为东方石窟模式的地点，云冈最具条件。6世纪初以后，才又增加了一个洛阳。”

在这里，宿白先生明确了云冈石窟第二期洞窟已经完成了云冈模式，但是，对第一期石窟用了很委婉的表述，即“如果说，我们对复法不久开凿的云冈第一期石窟完全形成了自己的特色抱有疑虑的话”，也就是说宿白先生在此文中对云冈石窟第一期能不能称为已经具备了新的模式抱有保留的态度，但是在后来的文章中，他则肯定了云冈石窟第一期已经形成了新的模式，他说：“在造型方面，云冈第一期大像所具有的广颐、短颈、宽肩、厚胸等造型特点，虽与葱岭东西乃至甘肃及其以东早期佛像多有接近

上图 / 大同云冈石窟第6窟西南壁

左页 / 阿弥陀佛及大势至菩萨 大同云冈石窟第3窟后室后壁西侧

处，但其雄健之姿尤为突出。所以研究者多联系《魏书·释老志》所记北魏佛教有天子即是当今如来的传统和文成帝即位后所造石像‘令如帝身，既成，颜上足下各有黑石，冥同帝体上下黑子’的敕令，推测昙曜五窟的主要佛像有可能仿效北魏皇帝的形象。沿西方旧有佛像服饰的外观，模拟当今天子之容颜风貌，正是一种新型的佛像融合。总之，云冈第一期石窟，就整体观察，它应是参考前规，融以新意，有自己的显著特色，从而构成了第一期的云冈模式。”

云冈石窟第一期形成了“参考前规，融以新意”的云冈模式，则第二期石窟又形成了属于第二期的云冈模式。云冈石窟第二期洞窟进行了许多改革与创新，“这个时期即云冈第二期。此期云冈开窟总的工程规模超过了第一期，它所呈现的如上所述的时代特点大异于第一期。这些时代特点综合起来即构成了云冈第二期模式”。

有意思的是，宿白先生在讨论云冈石窟第三期洞窟的时候，不是用的“模式”，而是“样式”（宿白先生在讨论龙

上图 / 佛陀与千佛 北魏 大同云冈石窟第19窟
左页 / 佛陀 北魏 大同云冈石窟第6窟东壁中层

门北朝洞窟的时候，用的也是龙门样式，而不是龙门模式："多年来，我一直感到龙门北朝洞窟情况复杂，它不足以表明当时洛阳佛教盛况，却出现了所谓的'龙门样式'。"），措辞一向严谨的宿白先生区分"模式"和"样式"，应该是有特别的考虑："迁洛后，皇室在云冈的大型窟室工程中辍，而大批留居和夏来的亲贵、中下官吏以及邑人信众充分利用平城旧有的技艺和资料，在云冈开凿了大量的中小窟室。云冈第一期无中小窟室，第二期为数也甚少，所以第三期盛行雕琢的大量中小窟室，即使起步于以前设计的基础上，也必然要有新的创造。同时，冬居洛阳的亲贵更深染华风，重视中原事物，所雕窟龛进一步汉化，亦是意中之事。因此，云冈第三期样式，自然又不同于第二期。值得注意的是，云冈第三期样式与洛阳地区北魏窟室的关系。"

宿白先生很重视云冈石窟第三期的中小洞窟，并且认为云冈石窟"第三期工程并未衰落，和第一、二期相比，只是没有开凿大型窟室而已。值得注意的是此期窟室式样急剧变化，成为云冈窟室式样最繁杂的阶段"。宿白先生还强调云冈石窟第三期的洞窟发展序列完整，这样一来就需要讨论北魏迁都洛阳之后云冈和龙门之间的关系："《魏书·肃宗纪》记熙平二年（517年）冬十月乙卯所下停止北京居民南迁之诏书中，特别标出：'门才术艺应于时求者，自别征引，不在斯例。'这不仅说明当时洛阳兴建急需'门才术艺'，更重要的是明确表明了一直到熙平末年平城还有较多可供征引的'门才术艺'。"

按照一般的推理，北魏王朝迁都洛阳之后，龙门石窟的洞窟形制和造像样式可能会影响云冈石窟，但根据宿白先生的研究，他认为情况可能恰恰相反："洛阳地区开始兴建石窟，主要参考云冈。孝文、宣武时期开凿的龙门古阳洞模拟云冈第二期窟室。宣武以来开凿的宾阳洞，有明确记录的是'准代京灵岩寺石窟'（《魏书·释老志》），即云冈石窟，这都是一般所公认，但此后孝明时期开凿的大批中小窟室的渊源却少有论及。洛阳地区孝明时期开凿的中小窟室，主要有接近方形平面或方形平面的三壁设坛和三壁三龛两种形制，亦即云冈第三期的B型窟和C型C式窟。云冈这两种形制窟室的出现都比洛阳为早，而且在窟室形制、布局、佛像组合、形象造型以及细部装饰等方面的发展变化，云冈不仅早于洛阳，更重要的是，其演变程序完整、清楚，与洛阳颇多突然出现或消失的情况不同，这就更有力地说明了变化的来源，主要出自云冈，而不是云冈较多地接受了洛阳的影响。"

那么，什么是宿白先生所说的"样式"呢？在《〈大金西京武州山重修大石窟寺碑〉的发现与研究》一文中，宿白先生与日本学者长广敏雄专门论述了"样式论"："有关样式的问题，我们常用'类型'这一名词。考虑石窟的类型，一般包括：一、石窟形制；二、主要形象和形象组合（布局与题材）；三、纹饰与器物；四、艺术造型与技法。例如探索云冈石窟的分期，我们就是从分析石窟的类型入手的。"

综上所述，笔者认为模式和样式是有区别的，首先，模式的出现需要一些基础的条件。宿白先生在论述云冈模式的时候，就首先讨论了平城实力的集聚："最近在大同市北郊小石寺村大沙沟北发现的鹿野苑石窟主窟，在窟室形制、布局和造像形制方面，也具有类似的上述特征。鹿野苑石窟，据《魏书·显祖纪》记载，'（皇兴）四年（470年）十有二月甲辰，幸鹿野苑石窟寺'，知建于献文帝时期。由此可知，流行的这种样式是公元460年至公元470年间平城地区开凿石窟的式样。这种式样的石窟，就已知的资料，自南亚、中亚以迄我国新疆、甘肃地区，都还没有发现相似的先例。因此，我们认为它应是5世纪中期平城僧俗工匠在云冈创造出的新模式，现在需要我们考虑的是：公元470年以前的平城，有没有新创石窟模式的条件。"

其次，模式应该具有广泛的传播性，而且这种传播，不仅仅是样式的传播，而且包括观念的传播，"帝京翼翼，四方之则"。

云冈石窟所创造和不断发展的新模式，"很自然地成为魏国领域内兴造石窟所参考的典型。所以，东自辽宁义县万佛堂石窟，西迄陕、甘、宁各地的北魏石窟，无不有云冈模式的踪迹，甚至远处河西走廊、开窟历史早于云冈的敦煌莫高窟亦不例外"。

宿白先生提出了凉州模式、云冈模式，但是没有提出敦煌模式、龙门模式。依笔者的愚见，敦煌作为"华戎交汇"的地方，集聚了来自多方的佛教文化，但是本身的洞窟形制、造像样式并不具有明显的扩张性。

作者系云冈研究院院长、北京大学考古文博学院教授

七佛身上的褒衣博带服饰 北魏 大同云冈石窟第三窟

20世纪20年代的云冈石窟全景

『褒衣博带』与云冈石窟

文／张焯

佛陀 北魏 大同云冈石窟第6窟中心塔柱东侧中层

中国考古学界，对云冈石窟中出现的宽大、飘逸的新款佛装，往往用“褒衣博带”一词形容，断定其是对北魏太和十年（486年）后孝文帝服制改革的反映。同时认为，太和服式效法于南朝盛行的“褒衣博带式”。进而，将“褒衣博带式”佛装视为特定的阶段性标志，用之作为佛教考古分期的一种尺度。对于上述问题，笔者想从历史角度，谈几点不同看法。

一、北魏服制改革的核心是恢复汉魏中原旧制

中国的礼仪制度，形成于周朝，完备于汉代，魏晋因仍，进入五胡十六国时代，发生了巨大变化。来自西、北方的少数民族移民浪潮，不仅颠覆了西晋王朝，还猛烈冲击、破坏、摧残了汉民族原有的生活方式。然而，当野蛮部族胜利的大旗在文明的废墟上空飘扬时，萦绕在统治者脑海里的，却是对那种失却了的文明秩序的追忆。汉化，随之而行。

北魏拓跋鲜卑，兴起于塞北。其服制改革，见于《魏书》志十二《礼志四》和《隋书》卷十一《礼仪志六》。前者云：“太祖天兴元年冬，诏仪曹郎董谧撰朝觐、飨宴、郊庙、社稷之仪。六年，又诏有司制冠服，随品秩各有差，时事未暇，多失古礼。世祖经营四方，未能留意，仍世以武力为事，取于便习而已。至高祖太和中，始考旧典，以制冠服，百僚六宫，各有差次。早世升遐，犹未周洽。肃宗时，又诏侍中崔光、安丰王延明及在朝名学更议之，条章粗备焉。”后者曰：“自晋左迁，中原礼仪多缺。后魏天兴六年，诏有司始制冠冕，各依品秩，以示等差，然未能皆得旧制。至太

上图 / 二佛并立像 北魏 大同云冈石窟第11窟中心塔柱
右页 / 菩萨 北魏 大同云冈石窟第5窟南壁中层

和中，方考故实，正定前谬，更造衣冠，尚不能周洽。及至熙平二年，太傅、清河王怿、黄门侍郎韦廷祥等，奏定五时朝服，准汉故事，五郊衣帻，各如方色焉。”对比两本书的记载，虽然语言有所差异，但内容实质相同。一是改革的时间清晰：首先是道武帝拓跋珪，其次是孝文帝元宏，最后是孝明帝元诩，经由三代君主的努力方告完成。二是改革的方向明确：道武帝试图引用中原古礼、旧制，孝文帝极力奉行旧典、故实，至孝明帝基本恢复了汉家故事。

上述三期改革，一脉相承，追求、效仿的都是中原汉族原有的衣冠礼仪。道武帝改制，杂糅胡汉，行之未久，人亡政息；孝文帝改制，考稽旧典，分步实施，遂成形势；孝明帝最后定制的北魏服式，对后世的影响重大而深远。

《周书》卷七《宣帝纪》：“大象元年春正月癸巳，受朝于露门，帝服通天冠、绛纱袍，群臣皆服汉魏衣冠。”大象元年，即579年，逾北魏丧乱半个世纪之久；通天冠，秦制，东汉定为皇帝朝服，魏明帝曹叡配以绛纱袍，北魏太

和十五年（491年）"帝冠通天，绛纱袍，临飨礼"（《魏书》志十二《礼志一》）；北周群臣所穿的"汉魏衣冠"，显然也是北魏定制。

对于周宣帝宇文赟导演的这场复古闹剧，《隋书》卷十二《礼仪志七》录有裴政的一段评语："后魏已来，制度咸阙。……周氏因袭，将为故事，大象承统，咸取用之，舆辇衣冠，甚多迂怪。今皇隋革命，宪章前代，……衣冠礼器，尚且兼行。"对于北周全盘采用北魏舆服制度的做法，尽管裴氏以汉儒的眼光，批评其不伦不类，甚多迂怪，却不能不承认隋朝依然受此影响的事实。

北魏的服制改革，以孝文帝时代最为关键。其制，酝酿于太和五年（481年）。《魏书》卷九十一《蒋少游传》记："诏尚书李冲与冯诞、游明根、高闾等议定衣冠于禁中，少游巧思，令主其事，亦访于刘昶。二意相乘，时致诤竞，积六载乃成，始班赐百官。"太和十年（486年），皇帝始着衮冕法服，朝臣颁给五等公服。太和十五年（491年），颁赐刺史已下衣冠。太和十八年（494年），革衣服之制。历时十四年，基本完成。

现代学者，因太和改制有刘昶等个别南方人参与，遂强调为模仿南朝，恐失客观。《魏书》卷五十九《刘昶传》云："入国历纪，犹布衣皂冠，同凶素之服。……于时改革朝仪，诏昶与蒋少游专主其事。昶条上旧式，略不遗忘。"文中介绍，刘昶北上平城（今山西大同）十多年，仍然习惯穿南朝的白衣黑帽，正与北方的丧服相同；他条例上奏的"旧式"，指的应是南方服饰中遗存的汉晋之制。

二、南朝盛行"褒衣博带"系受北魏晚期官服的影响

北齐颜之推（531—约590年以后）在《颜氏家训》卷四《涉务》中说："梁世士大夫，皆尚褒衣博带、大冠高履，出则车舆，入则扶侍，郊郭之内，无乘马者。"按：颜氏，东晋以来世宦江南，家传儒业；之推，早年曾任梁元帝萧绎的散骑侍郎，熟悉典故。他讲南方士庶喜好"褒衣博带、大冠高履"，特指定为"梁世"。显然表明，此前江左不尽如此。

关于"褒衣博带"盛行江南的起因，见东魏杨衒之《洛阳伽蓝记》卷二《城东》所载："孝义里东即是洛阳小市，北有车骑将军张景仁宅。景仁，会稽山阴人也。正光年初，从萧宝夤归化，拜羽林监，赐宅城南归正里，民间号为吴人坊，南来投化者多居其内。……景仁住此以为耻，遂徙居孝义里焉。……永安二年，萧衍遣主书陈庆之送北海入洛阳，僭帝位，庆之为侍中。景仁在南之日，与庆之有旧，遂设酒引邀庆之过宅，司农卿萧彪、尚书右丞张嵩并在其座。彪亦是南人，唯有中大夫杨元慎、给事中大夫王眴是中原士族。庆之因醉谓萧、张等曰：'魏朝甚盛，犹曰五胡。正朔相承，当在江左，秦皇玉玺，今在梁朝。'元慎正色曰：'江左假息，僻居一隅。……慕义来朝，饮我池水，啄我稻粱。何为不逊，以至于此。'庆之等见元慎清词雅句，纵横奔发，杜口流汗，合声不言。于后数日，庆之遇病，心上急痛，访人解治。元慎自云'能解'。庆之遂凭元慎，元慎即口含水噀庆之，曰：'吴人之鬼，住居建康，小作冠帽，短制衣裳。自呼阿侬，语则阿傍。……急急速去，还尔丹阳。……'庆之伏枕曰：'杨君见辱深矣。'自此后，吴儿更不敢解语。北海寻伏诛，其庆之还奔萧衍，用为司州刺史，钦重北人，特异于常。朱异怪复问之，曰：'自晋、宋以来，号洛阳为荒土，此中谓长江以北，尽是夷狄。昨至洛阳，始知衣冠士族，并在中原。礼仪富盛，人物殷阜，目所不识，口不能传。所谓帝京翼翼，四方之则。（始）[如]登泰山者卑培塿，涉江海者小湘、沅。北人安可不重？'陈庆之因此羽仪服式，悉如魏法。江表士庶，竞相模楷，褒衣博带，被及秣陵。"

北海，即北海王元颢，北魏永安元年（528年）"河阴之变"后，投奔梁朝，梁武帝萧衍命陈庆之率兵护送北还。明年，梁军一路克捷，元颢称帝；五月，遂入洛阳。两个月后，尔朱荣挥师南下，陈庆之兵败，元颢被杀。上文所述，张景仁宴请陈庆之，以及杨元慎为陈庆之解梦驱邪的故事，就发生在梁军入洛期间。

建康，是南朝首都，与秣陵、丹阳二县，同属扬州丹阳郡，三者实际指的都是梁朝都城，即今江苏南京。元慎所谓"吴人之鬼，住居建康，小作冠帽，短制衣裳"，虽系侮辱性咒语，却真实地反映出了南人的衣装特征，正与刘昶"布衣皂冠"穿着相仿佛。后来，陈庆之回到建康，一时成为吴中英雄，受到梁武帝的褒奖。中大通二年（530年），陈庆之任司州刺史，成为京畿地区的行政长官。由于他钦重北人，仪仗、服式效仿北魏洛阳朝臣，于是江左官绅争

佛、菩萨及飞天供养人像 北魏 大同云冈石窟第8窟北壁龛

释迦牟尼及东立佛 北魏 大同云冈石窟第20窟

相模仿，“褒衣博带”，风行江南。

三、“褒衣博带式”佛装，是袈裟披法的中国化，出现时间早于太和改制

褒衣博带，是对中国古代传统盛装的形容语，起源可能很早。《淮南子》卷十一《齐俗训》：“楚庄王裾衣博袍，令行乎天下。”寥寥数言，楚王弘雅、从容，气宇轩昂之态，犹在眼前。《汉书》卷七十一《隽不疑传》曰：“隽不疑字曼倩，渤海人也。治《春秋》，为郡文学，进退必以礼，名闻州郡。武帝末，郡国盗贼群起，暴胜之为直指使者，衣绣衣，持斧，逐捕盗贼，……至渤海，遣吏请与相见。不疑冠进贤冠，带櫑具剑，佩环玦，褒衣博带，盛服至门上谒。……容貌尊严，衣冠甚伟。”唐颜师古注：“褒，大裾也。言着褒大之衣，广博之带也。”渤海郡，在今河北沧州一带。《后汉书》卷六十八《郭太传》云：“郭太字林宗，太原界休人也。……博通坟籍。善谈论，美音制。乃游于洛阳。始见河南尹李膺，膺大奇之，遂相友善，于是名震京师。后归乡里，衣冠诸儒送至河上，车数千两。林宗唯与李膺同舟而济，众宾望之，以为神仙焉。……身长八尺，容貌魁伟，褒衣博带，周游郡国。”上述记载显示，这种衣下宽、衣袖阔、衣带广的袍装，自汉代以来就已成为中原儒士喜尚的服装。十六国南北朝时，中原士大夫竟因此而号称“衣冠华族”。

中国僧人的服装有两类：常服（俗服）与法服（袈裟）。法服又称僧衣，来源于佛装，是僧尼行法之服；袈裟，梵语，意译“坏色”“不正色”。按照佛教规定，袈裟由若干碎布补缀成条，并列缝制为衣，共有三衣：僧伽梨（大衣），用布9至

北魏 大同云冈石窟第19窟窟门

25 条；郁多罗僧（上衣、七条衣），7 条；安陀会（内衣、五条衣），5 条。故而袈裟又称百衲衣、田相衣。袈裟的形状为长方形，早期制作简陋，后世渐趋奢华。袈裟的披着，大致有“披”“袒”两式：披谓披于双肩；袒谓只披左肩，偏袒右肩。

云冈石窟的佛像装束，以条纹法服居多，属于三衣袈裟的艺术化表现。然以披法不同，佛像样式遂有差异，基本分为三类：一是袒右肩式斜披，二是通肩式裹披，三是“褒衣博带式”正披。前两款披式，比较原始，是古印度、中亚地区的遗风；后一款披式，日本学者称为冕服式，实际上是双肩披法的略微变更，属于一种宽松的披着方法。大约这是佛教东传，在汉地形成的符合中国人审美标准的新方法。僧伽梨大衣，采用这种披法，与内衣束带相配，近似于中国的“褒衣博带”儒装。

云冈的“褒衣博带式”佛像，主要集中在第 5、6 窟，第 11、13 窟的七佛也采用了相同的装束，这无疑是太和服制改革的反映。但是，此款佛像的出现，在孝文帝改制之前。一是四川茂县出土的南齐永明元年二石像，时值北魏太和七年（483 年）；二是云冈第 16 窟立式大佛与第 19—2 窟倚坐佛，俱属“昙曜五窟”，系云冈早期之作。关于云冈的这两尊佛像，目前国内外的研究者颇多推测，往往就造型角度，认为是孝文帝太和前期或后期的重雕或补刻。但是，从历史角度看，虽然昙曜五窟内的壁面雕刻多为后来补造，而大像的开凿，《魏书·释老志》有明确记载，当不晚于文成帝和平年间（460—465 年）。特别是第 16 窟大像，是佛，同时又是一位先皇的形象。从昙曜开窟到太和改制，中隔近三十年，难以想象孝文帝能够或者敢于再次臆造一位皇祖。

事实上，开窟造像必有粉本，而粉本的创作基础，则是业已存在的类似造型。例如，我们看到了河北蔚县保存的太平真君五年（444 年）朱业微造砂岩佛像，便可以理解云冈第 20 窟大佛的雕造，并非无源。相同道理，即便是云冈最早的“褒衣博带式”佛像，我们也不能说现实中没有其原型。每一种艺术流派及其造型，都有其产生、发展的过程，不可能一蹴而就，突然盛行。因此，“褒衣博带式”佛像的诞生，很有可能比我们目前所讨论的时间还要早。至于这种佛像是北方学南方，抑或南方学北方的问题，恐怕更加复杂，不好遽下结论。

作者系云冈研究院原书记、研究馆员

上图／佛陀 北魏 大同云冈石窟第5窟前室东侧

左页／菩萨 北魏 大同云冈石窟第11窟东面附窟

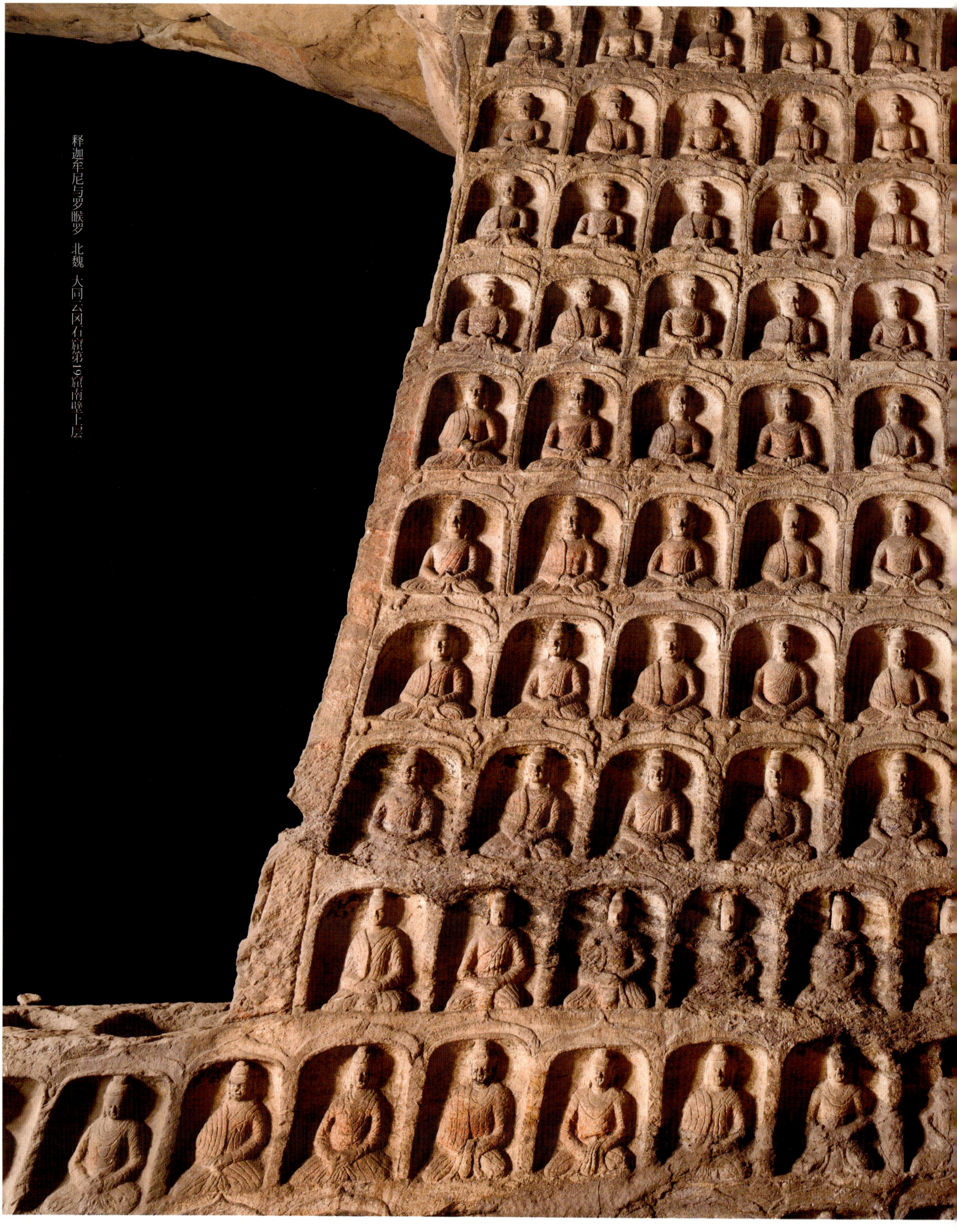

释迦牟尼与罗睺罗　北魏　大同云冈石窟第19窟南壁上层

天龙山第8窟夜景

去散千峰晓，神龙应念来。补陀岩上士，心识几时灰。

宋·释智遇·天龙恭敬赞

响堂山石窟与天龙山石窟

文／金维诺

菩萨　北齐　石灰岩　邯郸北响堂山石窟中窟

北魏末年，尔朱荣“河阴之变”后，北魏政权风雨飘摇。一度是“招提栉比，宝塔骈罗”的北魏首都洛阳，经此变故，佛事日趋消歇。永熙三年（534年），高欢以武力迫孝武帝西走长安，挟孝静帝迁都于邺城，开始了东魏、北齐的历史。高齐建上都于邺城，定晋阳为下都（今太原市）。帝王夏居晋阳，秋居邺城，因此在邺城与晋阳之间，兴建帝王行宫、佛教寺院，以备巡幸，沿途冠盖往来频繁。在帝王崇佛的风气之下，邺城和晋阳也逐渐取代了洛阳昔日的地位，成为中原佛教的中心。据记载，东魏、北齐帝王素奉大法，皇室立寺四十三所（《辩正论》卷三），“诏置昭玄上统，以沙门法上为大统，令吏员置五十余人，所部僧尼二百余万，四万余寺，咸禀风教。帝筑坛具礼，尊为国师……后妃重臣皆受菩萨戒”（《佛祖统纪》卷三十八）。这时京师邺都寺院约有四千所，僧尼八万人（《续高僧传》卷十《靖嵩传》）。著名寺院有邺都西山的修定寺、宝山寺、智力寺、云门寺、灵山寺等。这些佛寺常与一代名僧有着千丝万缕的联系，如大统师法上之于修定寺；大论师道凭之于宝山寺（今安阳灵泉寺）；大禅师僧稠之于灵山寺（今安阳小南海石窟）和云门寺。而代表北齐佛教造像特色的鼓山响堂石窟群的开凿，则与高齐帝王有着直接的关系。

响堂山石窟位于河北邯郸市峰峰矿区内的鼓山山麓，旧称鼓山石窟，分南、北二寺，南响堂山石窟在西纸坊鼓山西南麓，北响堂山石窟在其西北约17公里的鼓山西麓腰壁。文献碑刻有关响堂山石窟的开凿，其说不一，但都与高欢父子有关。一说是渤海王高澄凿窟葬其父高欢于此，事见《资治通鉴》卷一百六十：太清元年（东魏武定五年，547年）八月“甲申，虚葬齐献武王（高欢）于漳水之西。潜凿成安鼓山石窟佛寺之旁为穴，纳其柩而塞之，杀其群匠。及齐之亡也，一匠之子知之，发石取金而逃。”《永乐大典》卷一三八二四引《元一统志》称，高欢棺椁“默置于鼓山

天宫寺旁”，所指与《资治通鉴》为同一事。另一说认为响山堂石窟是齐文宣帝高洋所创。唐代沙门道宣《续高僧传》卷二十六《隋京师大兴善寺释明芬传》称：“仁寿下敕，令置塔于磁州之寺，寺即齐文宣之所立也。大窟像背文宣陵藏中诸雕刻，骇动人鬼。”

文中不仅明确说磁州石窟寺为高洋所立，而且似说高洋的墓在大窟像背。类似的说法见金代正隆四年（1159 年）《常乐寺重修三世佛殿碑》。碑文称：“文宣常自邺诣晋阳，往来山下，故起离宫，以备巡幸。于此山腹见数百圣僧行道，遂开三石室，刻诸尊仪。”（毕沅《中州金石记》卷五）

北响堂现存九窟，第 3、4、6 窟为同一时期的洞窟，据第 3 窟外壁唐邕刻经题记中“起天统四年（568 年）三月一日，尽武平三年（572 年）岁次壬辰五月二十八日”的文字推断，北响堂山石窟初创于北齐高洋父子，第 3 窟（刻经洞）、第 4 窟（释迦洞）和第 7 窟（大佛洞）有可能就是金正隆碑所说的高洋三石室，其他六窟为隋、唐以后凿造。

刻经洞（第 3 窟）为一平面长方形的大窟，因洞壁内外刊刻《无量义经》《维摩诘所说经》《弥勒菩萨下生经》等多部佛经，习称之为“刻经洞”。该窟宽 7.76 米、深 5.27 米。三壁开龛建坛，坛深 1 米，上有帷幕，顶刻莲花飞天。主尊为三世

佛陀头像　北齐　石灰岩　高39.4cm　原位于邯郸南响堂山石窟　美国大都会艺术博物馆藏

菩萨头像　北齐　石灰岩　高38.1cm　原位于邯郸南响堂山石窟　美国大都会艺术博物馆藏

菩萨头像　北齐　石灰岩　高81.3cm　原位于邯郸北响堂山中窟　美国大都会艺术博物馆藏

佛像，龛像为一佛二弟子，四菩萨，造像组合更见丰富。正壁坐佛高约 2.3 米，双手施无畏、与愿印，主尊上方为两列坐佛，左右坛上坐佛高近 2 米。前壁入口左右刻《无量义经》，门两侧作莲花，中刻忍冬纹，富丽雄健。门外左右为力士，高 3 米。以三世佛为主尊的三壁三龛形式是由麦积山姚秦三世佛造像窟（第 74、78 窟）演变而来，北周、北齐时期流行，遗例多见于麦积山、响堂山和天龙山等北朝晚期的石窟中。

释迦洞（第 4 窟）宽 8.41 米、深 7.6 米。中心柱龛中作一佛、二弟子、二菩萨，龛外作二菩萨、二天人。中心柱与后壁相连，下作通道。四壁为后世补刻四十小龛。洞外有八角柱四，柱间刻三窗及火焰纹。

大佛洞（第 6 窟）俗称“高欢墓洞”，平顶方形，面宽约 12 米，进深 11 米，中设刹心，是响堂山石窟最大的中心柱窟。中心柱左、右及正面各开一龛，龛内雕一佛、二菩萨。正龛坐佛高约 3 米，项光作五同心圆，外为唐草纹饰，舟形背光与身光间作莲枝图案，其外火焰纹中有七翔龙。右龛为半跏趺坐像，高约 5 米，右手作施无畏印，左手执衣角。左龛为倚坐像，面相丰颐，衣纹贴体呈流畅回转的凸起线条，造型匀整而洗练。中心柱四角刻怪兽，柱础上作博山炉、双狮和神王浮雕，题材及图像均由龙门和

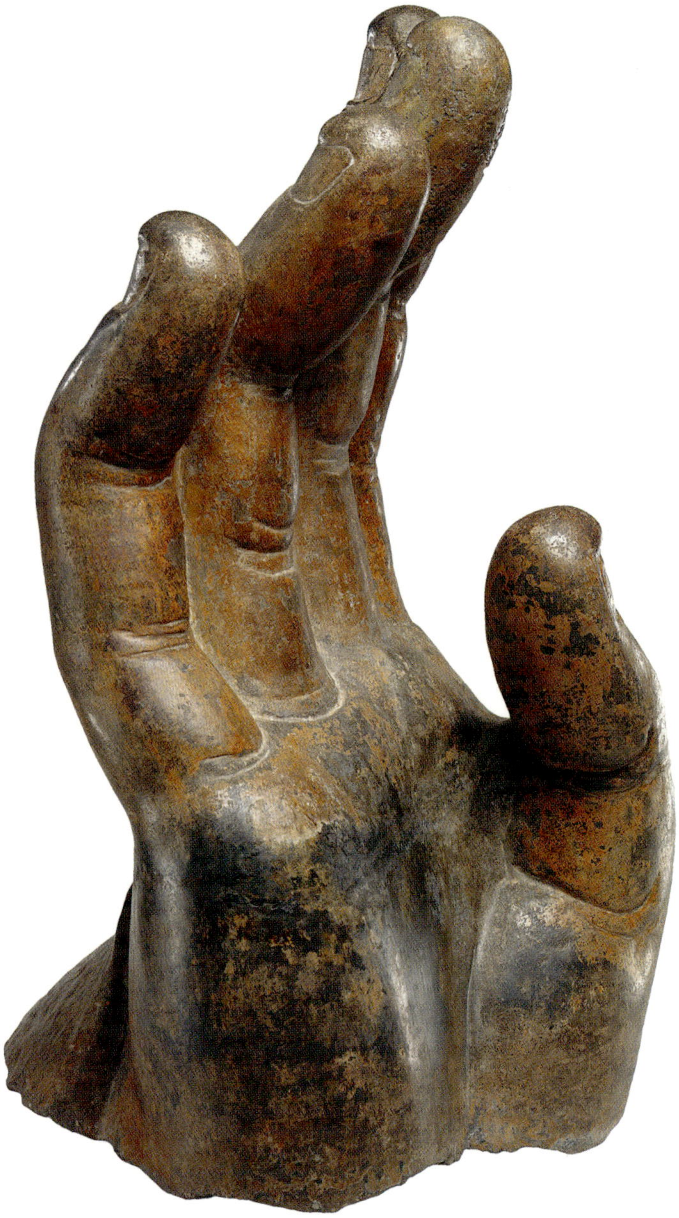

菩萨头像 唐 砂岩 高40cm 原位于太原天龙山第21窟 美国大都会艺术博物馆藏

奏乐天人相 北齐 石灰岩 高50.5cm 原位于邯郸北响堂山石窟 日本美秀美术馆藏

佛手 北齐 石灰岩 高52.1cm 原位于邯郸北响堂山石窟 美国大都会艺术博物馆藏

巩义石窟演变发展而来。四壁共造圆拱形龛十七个，龛楣刻佛塔、宝珠、帷幕、卷草等纹样，在龙门北魏火焰纹窟龛基础之上又发展了一步，开启了隋唐以后窟龛华饰的新风格。全窟雕凿精美，惟未完工，后又被破坏，十分可惜。

南响堂山石窟有七窟，均为北齐时开凿，分布在鼓山西南麓的两层断崖上，上层二窟，下层五窟。第 1、2 窟为同时开凿的中心柱窟，因窟内刻有《华严经》和《般若经》，故又被分别称作“华严洞”和“般若洞”。据第 2 窟洞门外保存的北齐天统元年（565 年）邺县功曹李洪运《鼓山寺之碑》的记述，南响堂石窟是因怀阴王高阿那肱翼帝（即后主高纬）出京，路经此地灵化寺，见寺庙草创，遂发大心，施舍珍爱之财，由灵化比丘慧义于北齐“天统元年乙酉之岁，斩此石山，兴建图庙”。因此，南响堂山石窟也是北齐皇室出资创建的。第 1、第 2 两窟龛像在总体分布上基本相同，中心柱三面开龛，左右龛为一佛、二弟子、二菩萨，正面龛内一佛、四弟子、二菩萨；窟内壁面开有列龛，龛内造像为一佛、二菩萨。第 1 窟（华严洞）宽 6.35 米、高 4.70 米。中心柱与后壁相连，下作礼佛通道。中心柱前龛为坐佛及四胁侍菩萨、二弟子（失去一尊）。龛下为博山炉，左右为供养人及狮子，龛顶作帷幕；中心柱右侧，上为

佛陀 北齐 石灰岩 原位于邯郸北响堂山石窟北洞 英国伦敦维多利亚和阿尔伯特博物馆藏

菩萨及佛弟子造像新旧照对比 东魏 原位于太原天龙山石窟第3窟西北壁 美国哈佛艺术博物馆藏

千佛，中层为一佛、二弟子、二菩萨，下有四小龛；中心柱左侧大体相同，惟下层为三小龛。窟左、右壁除五龛为北齐所凿，余为北周、隋、唐补作；后壁左、右各上下两龛；入口内壁上部作弥勒净土图，下刻《般若经》，左面刻《华严经》。窟门高2米，拱额刻莲花唐草纹，拱门外为石柱，柱刻莲花与龙。第2窟（般若洞）宽6.20米、深6.55米，高4.60米。中心柱正龛为一佛、二弟子、二菩萨，柱左方刻千佛，柱右刻沙门统定祥师敬造六十像。窟东西壁各以五龛为中心，上下刻小佛像。后壁左右各一龛，壁面刻《般若经》，入口内壁东部亦刻《文殊般若经》。窟门宽2米，拱门之唐草纹饰及龙柱与前窟相同。造像虽然多遭人为破坏，但从造型风格和雕造手法中仍能见出较明显的北齐造像的面貌。

在南、北响堂山石窟群中，另有小响堂石窟，又称水浴寺石窟，位于峰峰矿区寺后坡村。现存二窟，北朝一窟为平顶方形的中心柱窟。中心柱三面开龛，内造像一铺五身（一佛、二弟子、二菩萨）；窟室左右壁凿列龛，分别雕造佛、弟子、菩萨、力士、七佛以及千佛等像，龛像格局与上述响堂山石窟大致相同。左壁的武平五年（574年）“阿输迦施土缘”题刻证明该窟开造于北齐末年，窟门下部的供养人像中有“昭玄大统定禅师供养佛时”的题榜，说明此窟的开凿也与南、北响堂山石窟一样，属于皇族或与皇室关系较密切的上层僧人主持营建的。其中以一佛、二弟子、二菩萨为组合的铺像形式，代表了北齐佛教龛像的基本类型，隋唐佛龛铺像制度是在此基础上演变形成的。

大约在响堂山石窟创建的同时，晋阳也有大规模的开窟造像之举，遗迹主要集中在今太原市西南的天龙山和蒙山风景优胜之地。天龙山石窟开凿于天龙山东西两峰的山腰石壁间，大小共有21窟，东峰的第1、2、3窟和西峰的第10、16窟均建于高齐时期。天龙山北齐洞窟形制一般平面为方形，窟前有外廊，做法接近云冈双窟，但不做过多的雕饰，仅简洁地雕出仿砖木结构的窟檐，檐下凿成三间两柱和人字斗栱。窟内三壁开龛，龛下为低矮的坛基，龛内一佛二菩萨像，龛外雕弟子及供养人像。第1、3、16诸窟是这类洞窟形制较完整的遗存，据第15窟内保存的北齐皇建二年（561年）的题记铭刻推断，这类三间两柱三壁三龛式的洞窟大约是在文宣帝高洋营建别都

护法及菩萨造像新旧照对比 北齐 太原天龙山石窟第10窟西南壁

前后所开凿，为天龙山最早的洞窟形制。

第3窟是现存北齐龛像较完整的一个洞窟，窟顶作覆斗形，中饰莲花。窟内三壁三龛，正壁为天幕大龛，龛内佛结跏趺坐，两侧各雕一菩萨立像；两壁龛凿成尖拱形，龛内各作倚坐佛像和二胁侍菩萨立像；前壁上方满刻千佛。佛像面相丰满，肉髻低平，衣裙宽大，褶襞垂悬成簇，极富装饰效果。这些造型特征代表了北齐佛像的基本面貌，标志着北齐石窟造像已逐渐脱去前期轨范，开启新的时代风尚。天龙山石窟隋代造像上承北周，下启唐代。第8窟开于隋开皇四年（584年），保留了早期中心柱窟的形制，中心柱开龛造像。佛与菩萨衣薄贴体，保留有北齐“曹家样”的影响。

北齐在晋阳的佛事活动除有天龙山的开凿之外，另在西山有凿山造佛，创建寺院的惊世之举。按《北齐书》卷八载，齐幼主高恒崇信佛教，不惜巨资，“凿晋阳西山为大佛一夜燃油万盆，光照宫内。又为胡昭仪起大慈寺，未成，改为穆皇后大宝林寺，穷极工巧，运石填泉，劳费亿计，人牛死者不可胜纪”。这位齐幼主雕造的晋阳西山大佛，今已在太原西南的蒙山和天童山附近被发现，凿山为像的遗迹有两处。佛像的下部已经风化残损，但头及躯干部分的轮廓仍能辨认，其尺度大小与唐代僧人道世的记述完全相符。《法苑珠林》卷二十二载：“唐并州城西有山寺，寺名童子，有大像，坐高一百七十余尺，……显庆末年（高宗）巡幸并州，共皇后亲到此寺，及幸北谷开化寺，大像高二百尺，礼敬瞻睹，嗟叹稀奇，大舍珍宝财物衣服，并诸妃嫔内宫之人，并各捐舍，并敕州官长史窦轨等，令速庄严备饰圣容，并开

佛造像新旧照对比 隋代 太原天龙山石窟第8窟北壁

拓龛前地，务令宽广。”

与晋阳的这两处大佛像规模和做法相似的是河南浚县大伾山的大佛。像为依山凿就的倚坐弥勒佛，高达27米，佛头作螺髻，左手抚膝，右手上举作施无畏印，造像属北朝晚期风格。浚县大佛的风格样式大致提供了晋阳大佛原初的面貌。北齐这种“以兹山之足为佛足矣，以兹山之顶为佛顶焉”的造像形式，一方面承袭了南朝剡县大佛的做法，同时又为唐代雕造大佛提供了图像依据。

北朝晚期至隋代，开窟造像风靡一时，山东青州驼山、云门山和济南玉函山以及河南安阳宝山等地的石窟造像是这一时期具有代表性的作品。青州驼山石窟共有窟室五座，摩崖造像有六百三十余尊。由北至南第三窟最大，深2.5米，佛高5米，座高1米，上有“大像主青州主管柱国平桑公”题记，为北周时雕凿。佛像面相方颐，头髻低平，窄肩平胸，衣纹疏简；旁立两尊菩萨，高3.94米，头戴花冠，面长颐丰，颔首挺胸，天衣飘垂，长裙曳地，亭亭玉立，是富于情态的优美形象。云门山南崖上，窟龛十余座，造像二百七十二尊。有隋唐铭记，多为士公士绅凿造。隋开皇九年（589年）开凿的宝山大住圣窟是由灵裕法师开凿的石窟。窟内三壁开龛，内雕卢舍那、弥勒、阿弥陀三尊，门壁雕刻传法圣者二十四人和《大集经》《摩诃摩耶经》。窟门两侧刻那罗延神王和迦毗罗神王，各高2米，以减地平钑手法雕刻，是隋代神王造像中的精品。

作者系中央美术学院教授

北齐　邯郸北响堂山石窟第9窟窟楣

响堂山石窟艺术

文／赵立春

无量寿经变浮雕局部 北齐 原位于邯郸南响堂山石窟第2窟 美国弗利尔博物馆藏

石窟艺术是佛教艺术的重要组成部分。正如黑格尔所说的宗教往往“利用艺术来使我们更好地感到宗教的真理，或是用图像说明宗教真理以便于想象”。宗教与艺术相互渗透又彼此交织而融合一体。在中国古代，我们的先民们创造出了那些供人顶礼膜拜的佛教造像以及石窟雕塑艺术，以象征和寓意的形象体现出佛教的基本思想。随着历史的发展，宗教的外衣逐渐被剥离，艺术的品质再次呈现在我们的面前。这或许是它的魅力所在。著名的敦煌石窟、云冈石窟、龙门石窟、克孜尔石窟、麦积山石窟、炳灵寺石窟、大足石刻等石窟群落，充分表露出中国传统文化的博大精深和深厚底蕴，成为我们研究中国古代历史、建筑、宗教、艺术等领域的文化宝库。而位于华北地区的以响堂山石窟为主的河北佛教造像和石窟遗迹，却鲜为人知。这些散存在河北大地上的石窟造像在中国佛教艺术和石窟发展史中，以其独有的魅力、独具的特色默默地侧立在中国传统文化之林，这璀璨的雕塑艺术正是中国佛教石窟艺术发展缩影的一个真实体现。

在中国古代，佛教对中国政治、文化的影响实在是太大。无论是皇家贵族还是布衣贫民，对佛的信仰足以到痴迷的程度。佛教属于外来的文化，文化的传播与交流往往都是在不经意间产生的。当一种外来的宗教文化与中国本土固有的文化接触时，势必产生一种超越文化的碰撞。这种碰撞的最终结果往往是宗教的屈服——即宗教的原始形态和抽象的信仰理念必须逐步适应当地的世俗。只有这样，宗教才能生存和发展。

随着汉地佛教的传入和推广，响堂山所在的邺城地区（今河北邯郸）开始受到佛教的浸染。这为两百多年后响堂山石窟的出现奠定了良好的宗教基础。

西晋末年，统治集团日益腐朽，官僚贵族奢侈无度。太熙元年（290年）晋武帝司马炎死后，西晋统治集团内部

无量寿经变浮雕　北齐　原位于邯郸南响堂山石窟第2窟　美国弗利尔博物馆藏

爆发了历时十六年（290—306 年）的“八王之乱”。社会动荡不安，各种矛盾日益激化，各族人民纷纷掀起了反对西晋王朝的武装起义。活动于河北邺城一带的农民起义队伍，就是后来建立后赵政权的石勒。史书记载，石勒在临水（今河北峰峰矿区临水镇）“为人佣耕”，被“游军所囚”。他寻机逃脱后被迫揭竿起义，势力迅速扩大。晋永嘉六年（312 年）率兵进据襄国（今河北邢台），并以此定都，建立了后赵政权。石勒死后，石虎又将都城迁至邺城。

石勒虽目不识丁，但在南征北战过程中，对佛教笃信不疑，这为河北南部邺城地区佛教的发展起到了重要的推动作用。

石勒对佛教的认识，主要来源于以神异著名的西域和尚佛图澄。佛图澄（232—348 年），西域人，本姓

帛氏（以姓氏论，应是龟兹人）。九岁在乌苌国出家，清真务学，两度到罽宾（今克什米尔一带）学法（据说学的是说一切有部系统的小乘佛教），西域人都称他已经得道。晋怀帝永嘉四年（310年），他经敦煌来到洛阳弘扬佛法，时年已七十九。后又从洛阳来到邺城继续弘法，住在邺城内中寺，深得石勒、石虎崇拜。在佛图澄的教化下，石虎颁发了中国佛教史上正式允许汉人出家的第一个官方许可令。

由于佛图澄的杰出传教活动和二石的支持，佛教在后赵尤其在邺城地区得以广泛流行。其后，另一个在中国佛教史上影响很大的高僧释道安也来到了邺城，邺城佛教的发展更加壮大。佛图澄在邺城一带的佛教活动，为邺城东魏、北齐时期佛教的第二次兴盛创造了条件。

佛教的发展是依附在政权和皇权上的。因此，它的发展与衰落随政治局势的变革而不断出现变化，并伴随着政治中心的转移而发展传播。公元398年，鲜卑族拓跋部落首领拓跋珪平定北方，定都平城（今山西大同），是为北魏。孝文

上图 / 北齐 邯郸北响堂山石窟第6窟

右页 / 菩萨立像 北齐 原位于邯郸南响堂山石窟第2窟 美国弗利尔博物馆藏

帝太和十八年（公元 494 年），又迁都洛阳。北魏凡 136 年，到公元 534 年，北魏政权土崩瓦解，分裂成东、西二魏。公元 550 年，东魏大丞相高欢的次子高洋伐魏立齐，定都于邺（今河北临漳邺镇一带），是为北齐。这一阶段政治局势的不断变化，为佛教及佛教石窟在中原大地的形成和发展创造了良好的社会机缘。

公元 534 年，北魏分裂为东魏和西魏。东魏权臣高欢因洛阳无险可据而率领四十万户仓皇迁都邺城，《资治通鉴》记载："东魏主发洛阳四十万户，狼狈就道。"这其中自然包括洛阳的百工技巧。洛阳人力、物力的输入，促进了邺城经济文化的发展。"皇舆迁邺，诸寺僧尼，亦与俱徙。"（《洛阳伽蓝记》）一些大德高僧如慧光、菩提流支等也随之迁来，使本来就有佛教基础的邺城，很快建立起更加浓厚的佛教氛围，"大起佛寺，僧尼溢满诸州，冬夏供施，行道不绝"（《广弘明集》卷四）。此时仅邺城城内就"有大寺院 4000 所，僧尼共 8 万人"（《续高僧传》卷十《靖嵩传》）。邺城在北方佛教中的地位至此时已经演绎到了极致，邺城一跃成为北方最重要的佛教中心。

北齐的皇室贵族延续了北魏的精神传统，那就是在都城附近营造他们的精神家园——大石窟寺。高氏迁都邺城

后，皇室贵族很快在邺城西的鼓山之腰，开始开凿壮观宏伟的大石窟寺鼓山石窟（即今北响堂山石窟），并请高僧僧稠为鼓山石窟寺寺主。高氏皇室贵族集团崇佛之举几近痴狂，他们将国家财产分成三份，其中一份就是供养僧尼。高氏不仅在都城附近开凿出了大石窟寺（响山堂石窟），同时还在陪都晋阳（太原）的西侧天龙山大兴土木，开凿了天龙山石窟。《北齐书》记载："北齐幼主……凿晋阳西山为大佛，一夜燃油万盆，光照宫内。"就是在这样的社会环境下，北齐的佛教雕刻艺术走向了辉煌。

受云冈石窟的影响，东魏造像的主流风格为"面为恨刻，削为容仪"的秀骨清像。但在以邺城为中心的范围内，已经开始彰显出一种新的风格，一个被后来学术界称为"北齐样式"的佛教造像新风格正在逐渐形成。

到了北齐时期，佛教造像艺术在经过了东魏的短暂过渡后，一改前期清瘦作风，造像整体变得疏洁淳润，面相丰颐而富有神韵。尤其在衣纹表现上，受当时画家曹仲达"曹衣出水"画风的影响，衣纹疏简贴体，使人物形象在疏简平淡中流露出内在的活力。佛教造像的整体风格基因突变，既有外来文化的影响，又有本土文化的继承；既有北朝固有的传统，又有南朝风格的元素。从佛教单体造像到石窟整体造型，都给人一种焕然一新的感觉。被佛教艺术史上尊称为"北齐样式"的佛教美术流派终于孕育成熟，这种流派的最直接的载体就是响堂山石窟。

佛教文化在北魏、东魏、北齐、隋、唐各代都得到了很大的发展。直到明清以后才开始逐渐走向衰落，但这时仍有一些寺院在建设和发展中。响堂山除北齐开凿的石窟寺之外，在隋代、唐代、宋代以及明清都有不同程度的续凿。但体量、规模、雕刻艺术等都远不如"北齐样式"。中国的佛教自宋之后便度过了它的黄金时段，"皮之不存，毛将焉附"，依附了佛教本体的佛教造像艺术和石窟艺术也随着佛教的衰落而日渐式微。

以响堂山石窟为中心，以河南、河北、山西、山东为辐射区域，这数十处散布在各地的北朝佛教遗迹，构成了邺城佛教美术系统。这个系统对研究中国的宗教、哲学、社会学、经济学、绘画、雕塑、书法以及民间信仰等都具有重要的学术价值。

菩萨头像 北齐 原位于邯郸北响堂山石窟第3窟
美国旧金山亚洲艺术博物馆藏

菩萨头像 北齐 36cm × 24.5cm × 24cm 原位于邯郸南响堂山石窟
美国弗利尔博物馆藏

位于中原地带的响堂山石窟是继云冈、龙门、巩义石窟以后，又新开凿的规模较大的石窟寺。响堂山石窟主要是由北朝末期的北齐一代皇室贵族出资经营。北齐是由鲜卑化汉人高洋建立起来的封建王朝，东魏武定八年（550 年）伐魏立齐，改号天保，定都于邺，并以晋阳为其陪都。高氏王室贵族经常往来于二都之间，响堂山（鼓山）是其必经之地。据现存于北响堂常乐寺的《金正隆四年重修三世佛殿记》碑记载："文宣常自邺都诣晋阳，往来山下，故起离宫，以备巡幸……于此山腹，见数百圣僧行道，遂开三石室，刻诸尊像。"（按："三石室"指今天北响堂山石窟的刻经洞、释迦洞、大佛洞。）由此可见，响堂山开窟造像、兴建图庙，是为北齐封建王室避暑游玩的离宫。

此外，响堂山开窟造像还别有作用。据《资治通鉴》卷一百六十记：东魏武定五年（547 年）"甲申，虚葬齐献武王（高欢）于漳水之西，潜凿成安鼓山石窟佛寺之旁为穴，纳其柩而塞之，杀其群匠。及齐之亡也，一匠之子知之，发石取金而逃。"响堂山开窟的另一作用就是作为高氏王室的陵寝。

响堂山北朝时期的洞窟共有 12 座，它们是，北响堂第 9 窟（北洞）、第 8 窟（宋洞）、第 4 窟（中洞）、第 2 窟（南洞）、第 1 窟（双佛洞）；南响堂第 1 至第 7 窟。关于这些洞窟的具体开凿时间争议较大，其中问题的关键集中在两个方面，一是石窟的初创时间，二是南响堂第 7 窟的开凿时间。在过去的研究中，对于石窟的初创时间一般存在两种说法，一种为东魏说，一种为北

上图 / 北齐 邯郸北响堂山石窟刻经洞

右页 / 佛弟子像 北齐 原位于邯郸南响堂山石窟 美国克利夫兰博物馆藏

齐说。这两种说法虽然各据其理，但由于在上下时间跨度差距上不大，基本上形成了一个较为统一的说法，即始凿于东魏末年，主体工程完成于北齐。

通过对古代文献的研究，我们可以得出以下结论：

一、北响堂山石窟的建造上限应在东魏天平元年（534年），至迟在东魏武定五年（547年），石窟已基本建成。

二、北齐天保初期，北响堂山石窟已成为邺城较大的一所官寺。天保三年（552年）著名禅师僧稠担任石窟寺寺主。这时石窟成为禅僧活动的重要场所，至北齐末佛事活动更甚。

三、石窟的营造与高欢、高澄、高洋父子有直接的关系，最初的寓意可能为高欢的陵葬。

上述种种，对响堂山石窟文献证据进行的分析与研究，是东魏开凿学说的主要依据。

北响堂山石窟，原名鼓山石窟，亦名磁州石窟寺。石窟开凿在鼓山之腰，气势雄伟壮观。北响堂山石窟现存洞窟22座，自南向北依次为双佛洞、大业洞、刻经洞（又名南堂）、释迦洞（中洞）、三教洞、关帝洞、宋洞、大佛洞（北洞）、明洞、隋佛龙洞等。现存石窟寺院的整体布局形成于北齐，之后隋、唐、宋、明及民国，陆陆续续在石窟寺院内外的山崖空壁上不断续凿，或凿窟或刻像，或修补旧迹，形成了现在的规模。

北响堂山石窟寺按其石窟的自然分布分为南区、中区、

北区、九条洞区四个区域。其中，南、中、北三个区域均以一个北齐大窟为主，即南区刻经洞、中区释迦洞、北区大佛洞。这三个北齐大窟就是前文提到的“三石室”。

在这三个北齐大窟中，最具有响堂山风格的是大佛洞。大佛洞是响堂山石窟中规模最大、雕刻最精的洞窟，为中心方柱式。高 12.5 米，进深 12 米，面宽 13 米。主尊造像高 3.5 米。窟内四壁为大型“塔形龛”，雕刻精美，装饰繁细、富丽，是响堂山石窟杰出的作品。龛内原有雕像已毁，现存造像是民国年间补刻的。因其刻工古意浓厚，也多为世人所赞。石窟的前壁中部原为平浮雕“帝后礼佛图”，场景壮观；后因前壁坍塌而毁，甚为可惜。中心方柱三壁开龛，后壁上部与窟后壁相连，下部形成低矮甬道，供礼佛时通行。这是响堂山北齐窟的典型形制。该窟中心方柱的上部为空心，也就是文献所记的齐献武王高欢的陵穴所在。中心方柱左侧顶端并排四个大龛，东起第三龛内原为一佛二菩萨，主尊坐像可移动，背后为穴门，可进陵内。该窟是响堂山最早开凿的洞窟，其造像风格仍保留有东魏遗风。它的开凿奠定了北齐造窟的官方形制——中心方柱三面开龛。这种形制开启了北齐一代造窟风气之先河。

位于南区的刻经洞，也为北齐“三石室”之一。窟内外满刻经文，且字体遒劲有力。在窟外有《唐邕刻经记碑》一通，碑上详细记录了唐邕刻经的用意、内容、时间等，是研究北朝刻经和校刊佛经版本的珍贵资料。

南响堂山石窟的开凿年代，以前没有确切记载。1985 年至 1986 年间，河北省古代建筑保护研究所在清理南响堂山华严洞、般若洞门前堆积物时，在般若洞窟门左右侧发现了一处《滏山石窟之碑》，这是响堂山唯一有确切开凿记年的碑刻，具有极重要的研究价值。从碑文得知，南响堂山原名滏山，石窟最早草创于灵化寺比丘慧义，时为“齐国天统元年（565 年）乙酉之岁”。石窟初建时，北齐后主高纬和大丞相淮阴王高阿那肱“曾憩驾于此，因观草创，遂发大心，广舍珍爱之财，开此滏山之窟”。从此，形成了南响堂山石窟现在的规模。

南响堂山石窟最有代表性的是十佛洞，十佛洞为三壁开龛佛殿窟。三壁开帷幕帐形龛，龛中造一佛二弟子二菩萨五身像，龛下基坛上开壶门，内雕神王像。窟顶为莲花藻井和飞天伎乐，窟内四壁满刻千佛。窟外为仿木构建筑的屋顶形式，其上雕出8层叠涩基、覆钵丘塔刹（摩尼宝珠）等，形成独具响堂特色的“塔形窟”（详见后文）。

南响堂山北齐7个洞窟中就有3个窟内刻有佛经，即华严洞、般若洞、阿弥陀洞。华严洞内刻《大方广佛华严经》，般若洞内刻《文殊师利所说般若波罗蜜经》等，阿弥陀洞内刻《妙法莲华经》。这些刻经字体规整，隶书间有楷意，是研究我国书法艺术的珍贵实物资料。

大象二年（580年），隋国公杨坚以国丈、大臣的身份唾手而得周氏天下，建立隋朝，改元开皇，是为隋文帝。隋文帝杨坚统一全国后，一反北周武帝废佛之举，而取大力支持的态度。隋文帝杨坚全面复兴佛教，既有个人信仰的原因，又有社会历史的原因。

从目前响堂山石窟所留遗迹来看，隋文帝恢复佛教之后，响堂山石窟被周武帝灭佛时期毁坏的佛像也得到了修补。这些遗迹为我们研究中国佛教发展史提供了可靠的实物资料，也成为响堂山石窟第一次遭遇厄运的见证。

随着隋文帝杨坚对佛教的恢复，响堂山石窟在灭佛运动中毁坏的佛像相继修复。开皇四年（584年），响堂山石窟又掀起了新一轮的造像热潮。据笔者初步统计，从开皇四年至大业七年（公元611年）的27年间，南北响堂山石窟内外留下了60多处隋代造像遗迹。这些造像星罗棋布般分布在北齐龛内外。这时期造像的显著特点是没有大龛，只凿有小龛，与北齐大窟形成鲜明对比。最大的龛高仅1.8米，最小者仅0.3米。这正是南北朝时期门阀世族的豪华富有和隋代新兴地主阶层抬头的史实写照。这在一定程度上，也填补了北齐时期响堂山石窟遗留下来的空白。

到唐代，响堂山石窟镌刻佛像活动达到北齐之后的第二次热潮。进入唐朝以来，佛教的发展也进入了鼎盛时期。随着佛教的发展，佛教造像艺术在大唐也遍地开花。诸如甘肃敦煌莫高窟、洛阳龙门石窟等，都欣逢唐代佛教艺术的兴盛。此时，响堂山的营建活动也颇为频繁。但此时响堂山所处的地理位置，在政治上发生了很大变化，由原来的都城（邺城）附近变成了边远地带。宗教始终依附于政体之上发展，否则难以生存。而都城的所在不仅代表着当朝政治中心的特殊地位，也带动着都城及其周边地区的文化、经济发展。这种政局的变动，在佛教造像艺术上更是直接地反映了出来。唐朝定都长安（西安），距离响堂山较远，一些大的贵族、地主都远离了响堂山。所以，此时期响堂山的营建活动虽然没有间断，但缺少大的营建，几乎没有大的洞窟开凿，只是在原有石窟的内外壁或附近刊刻一些小佛龛。这些小佛龛较大的有一米多高，小的仅十多厘米。现在，依附在石窟内外壁的大小佛龛几乎都是唐朝所刻，总数一百多身，主要集中在南响堂山华严洞、般若洞、空洞前室左右壁和窟内的空闲壁面及基坛之上。此时期的造像多附有造像题记。从造像题记上看，唐代响堂山造像活动从贞观五年（631年）开始，一直延续到元和八年（813年），时间跨度近二百年。这些散布在洞窟内外的唐代小龛，极大地丰富了响堂山石窟的雕刻内容，成为研究唐代雕刻、历史、地理、宗教信仰的重要实物资料。

菩萨坐像　北齐　原位于邯郸北响堂山石窟第3窟　美国弗利尔博物馆藏

佛弟子　北齐　原位于邯郸响堂山石窟　美国芝加哥艺术博物馆藏

南北响堂山石窟的营建开凿时间，延续一千多年之久，跨越了多个历史朝代。根据现存遗迹，结合文献、碑刻资料及造像风格综合论证，基本上可把响堂山石窟的营建过程划分为早、中、晚三期。

响山堂石窟早期造像主要代表了北朝晚期（东魏、北齐）的佛教艺术风格。营建活动的主要特点是由皇室贵族或佛教信仰组织出资营建，工程浩大，以大型石窟为主。代表洞窟有北响堂山大佛洞、释迦洞、刻经洞、双佛洞、宋洞；南响堂山华严洞、般若洞、空洞、阿弥陀洞、释迦洞、力士洞、千佛洞、东方摩崖造像；小响堂西窟。共计 14 座。响堂山石窟早期造像活动始于东魏武定年间，终于北齐末年，经营历程约三十年。此时期停止造像活动的主要原因，是由

佛陀头像 北齐 原位于邯郸北响堂山石窟南洞
美国克利夫兰博物馆藏

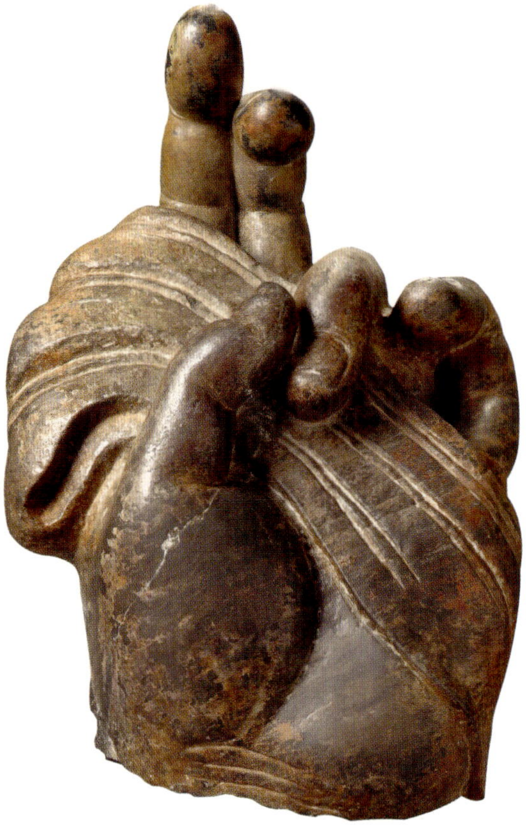

佛手 北齐 原位于邯郸北响堂山石窟北洞
美国旧金山亚洲艺术博物馆藏

于北齐的灭亡和北周武帝的灭佛运动。

响堂山石窟早期造像活动是响堂山石窟雕塑的精华所在，也是代表响堂山最高艺术成就的作品。我们通过文献记载、造像特征以及造像题材进行综合研究，响堂山早期造像又可细分为三个时期。

第一期：开凿于东魏晚期（547 年左右）

代表洞窟为北响堂山大佛洞和释迦洞。

从造像风格上来说，东魏时期，政权实际掌握在高欢手中。高欢死后，高澄又以大丞相之职，到晋阳总理朝政，并封其弟高洋为尚书令、中书监、京畿大都督参掌朝政。高澄被刺以后，高洋又赴晋阳总理戎务，随后又依靠晋阳之兵取代东魏。这个时期政治颇不稳定，战争频繁，接连不断。而惨遭不幸的多是社会的中下层阶级（庶民百姓）。他们深受战乱之苦，备受煎熬，食不果腹。这些反映到艺术方面，则出现了秀骨清像的雕塑或绘画作品。因此清瘦俊逸的佛雕作品，则成为东魏造像的主要风格（并且被列为标准风格去判断同时期的作品）。云冈西部窟群亦即云冈第三期，被推崇为这种风格的代表作。龙门石窟、巩义石窟等，也有一些与其风格相近的龛像。值得注意的是，云冈西部及龙门、巩义等地出现的这种造像龛窟，出资经营者多为社会的中下层阶级。

就皇室贵族而言，这种作风虽然稍有影响，但不是主流。东魏时期由贵族高氏兄弟开凿的响堂山石窟第一期及著名高僧道凭开凿的大留圣窟，则代表了另一种风格。这种风格应该是石窟造像发展的主流，如响堂山石窟北洞、中洞、大留圣窟的主尊造像，面相方圆，体态强健、敦实，较多流露出受云冈石窟一、二期造像风格的影响。但在细部的处理上有所变化，如衣纹稠叠布满全身，两肩扁平削垂，佛装下摆平铺于座上等等。在衣纹雕刻技法以及佛装处理上，北洞、中洞与东魏武定四年开凿的大留圣窟又如出一辙。由此，如果说北洞和中洞是“更多地体现出要打破东魏平城模式的话，不如说是东魏平城模式的继续和发展”。

从响堂山石窟第一期及武定四年开凿的安阳大留圣窟来看，东魏时期的造像应同时并存两种风格。一种即本文所说的以响堂山石窟第一期、大留圣窟为代表的强健厚实作风，另一种是以云冈石窟第三期为代表的秀骨清像。前者反映了上层阶级的审美情趣和意识形态，后者则是当时下层阶级清贫苦寒的真实写照。

第二期：北齐天统四年（公元 568 年）之前

以响堂山石窟南洞、千佛洞为代表的第二期。南洞开凿时间从唐邕刻经位置可以断定，开窟的下限不晚于天统四年（公元 568 年）。千佛洞无论从规模、洞窟形制、造像风格等各方面来看，都与南洞十分相像。因此，将其划为同期，当无多大疑问。

第二期开凿的南洞和千佛洞，从造像风格上来看，应该说是北齐的代表作。它虽然继承了前期造像体态强健的作风，但在服装的处理上一改前期衣纹稠密满布全身的特点，而变得疏朗、简洁和明快。第二期的造像中已经没有了“两肩削垂”的作风，均变为两肩齐挺，两侧菩萨及弟子像则显得周身浑圆，成了所谓的“瓶形身体”。

第三期：北齐天统元年（公元 565 年）至建德元年（公元 572 年）

第三期的代表洞窟为南响堂山华严洞、般若洞、空洞、阿弥陀洞、释迦洞、力士洞。《滏山石窟之碑》上有天统元年纪年，这个时间当是第三期的始凿时间。同时，碑文中的“因观草创”等文字说明高阿那肱在“开此……之窟”之前就已经有了造像活动，这时的造像活动应指千佛洞的开凿。因此，在天统元年之时千佛洞尚未完工，或者说，在第三期始凿以后第二期仍在施工。第三期造像的衰落是由于北齐的灭亡和北周武帝的灭佛运动，“武帝东并、扫荡塔寺”，这个时期为建德元年（572 年）。

第三期的造像从雕刻风格上来看，既不同于第一期的衣纹稠密、两肩扁平削垂，也不同于第二期的双肩齐挺、周身浑圆，而是追求一种丰满圆润的美感。如华严洞主尊造像，从头骨的骨骼结构上看，在脸部几个面的处理上，没有明显的转折，如眼睛与太阳穴的转折处及下额骨的转折处等，都是以圆润为特征，使本来应该做两个转折面处理的却处理成了一个圆弧面，显得饱满和充实；佛双肩仍表现出削垂的特征，但不同于第一期的却是变得厚实和坚硬并逐步趋向于写实。

响堂山石窟的中期造像是继北周灭佛之后出现的又一次造像热潮，主要时间为隋、唐两朝。此时营建活动的特点是少有大窟，多为小型佛龛。代表窟龛有北响堂山大业洞内的诸多隋龛、山腰九条洞区域内的诸多佛龛；南响堂山阿弥陀洞、释迦洞、力士洞门外的隋龛，南响堂山华严洞内室左壁的隋袁子才造像龛、南响堂山西窟外千佛群龛等，以及南响堂山华严洞、般若洞、空洞内外崖壁上的唐龛，阿弥陀洞、力士洞基坛上的唐龛等；小响堂山西窟外壁西侧崖壁上的唐龛。

响堂山石窟晚期造像为宋、金时期和明、清、民国时期所造。此时期，中国北方的佛教造像艺术趋于衰落，造像活动日渐式微，但在响堂山一带仍然出现了诸多造像。主要洞窟有北响堂山宋窟东壁、隋佛龙洞、文官洞、关帝洞，南响堂山西窟，小响堂山东窟等。随着中国的佛教发展趋于衰微，与之伴生的佛教造像艺术也受到极大影响。虽然在宋代和明代也曾出现过两次小的造像热潮，但大势已去，造像之风气也越来越没落。

作者系响堂山石窟研究院学术院长

无量寿经变浮雕 北齐 原位于邯郸南响堂山石窟第2窟 美国弗利尔博物馆藏

北齐 邯郸北响堂山石窟大佛洞

龙门石窟 莲花洞

漫谈龙门石窟雕刻艺术

文／常青

北魏 洛阳龙门石窟 宾阳中洞

所谓石窟寺，就是开凿在河畔山崖间的佛教寺院。它的宗教功能和我们经常见到的地面上的木构佛寺是完全相同的。在山崖间开凿洞窟，再在窟室内制作出信徒们所崇拜的偶像，是在古代的印度起源的。我们知道，中国的佛教是从印度传入的，随之而来的还有佛教的艺术形式，石窟寺就是集建筑、绘画、雕刻于一体的佛教艺术，是为宣传特定时代的宗教思想服务的。中国古代的佛教石窟遍布北方各地，在长江以南也为数不少，其中最为著名的还要数敦煌莫高窟、云冈石窟、龙门石窟这三大石窟了。若要论地理位置与历史意义的重要性，雄居中原地区的龙门石窟当首屈一指。

龙门石窟，位于河南省洛阳市南 13 公里的伊水两岸，这里山水秀丽、景色宜人，是人们礼佛、观光的胜地。

这个地方早在春秋战国时代就被称作“伊阙”“阙塞”，它是一个形象化的称谓，因为有伊水北流，两岸的山崖高高耸立着，就像天然的门阙一样。据《左传·昭公二十六年》记载：“晋知跞、赵鞅帅师纳王，使女宽守阙塞。”杜解：“阙塞，洛阳西南伊阙口也。”这种名称一直被沿用至南北朝末期。而“龙门”称谓的使用，大概开始于隋炀帝时期。《元和郡县图志》卷 5“河南府条”云：“初，炀帝尝登邙山，观伊阙，顾曰：‘此非龙门耶？自古何因不建都于此？’仆射苏威对曰：‘自古非不知，以俟陛下。’帝大悦，遂议都焉。”从隋唐之东都洛阳城的营建来看，洛阳宫之端门，和外郭城的定鼎门，正对着伊阙。而封建帝王们又常自比为“龙”，因而就将这正对着皇宫的天然门户改称为“龙门”了。不过，旧的名称，有时仍被后代引用，如宾阳洞外著名的唐贞观十五年（641 年）大书法家褚遂良书写的《伊阙佛龛之碑》就是一例。不过，早在隋炀帝到来的一百多年前，龙门就已经迎来了一位真龙天子。

佛陀立像 北魏 洛阳龙门石窟 宾阳中洞

菩萨头像 北魏 原位于洛阳龙门石窟宾阳中洞南壁 日本东京国立博物馆藏

太和十八年（494 年），雄才大略的北魏孝文帝元宏，为了更有效地控制北方地区，缓和鲜卑族与汉族之间的矛盾，毅然决定把首都从平城（今山西省大同市）迁到了洛阳，同时还实施了一系列的汉化改革。孝文帝和他的文武大臣们是很崇信佛教的，他们首先选择了龙门山作为开窟造像的佛教圣地。从此以后，历经北齐、隋、唐、宋等朝代的不断开凿，共造就了两千多所洞窟与佛龛，大大小小的佛教人物雕像共有十万多尊，还有 2800 多块古代的碑刻作品，是中国的祖先们留给全人类的一笔宝贵而丰厚的文化遗产。

一、北朝时期

龙门石窟中的北魏窟龛造像约占总数的三分之一，多集中开凿于北魏迁都洛阳以后的孝文帝、宣武帝、孝明帝期间，与这段时期中国北方的相对稳定和统治阶级对佛教的提倡密切相关。孝文帝本人对佛教就很推崇。在他统治期间（471—499 年在位），曾迎像、度僧、立寺、设斋、起塔，广作佛事，并提倡《成实》《涅槃》《毗昙》等佛教义学，还特意为北天竺来的僧人佛陀扇多在嵩山建立了少林寺。其后宣武帝元恪（499—515 年在位）时大兴佛教，有不少外国僧人来到洛阳，元恪为他们建立了永明寺，有房

舍一千余间，共住外国沙门千余人。他还组织译场，翻译佛典。据《魏书·释老志》记载，景明（500—503 年）初，宣武帝下令仿照代京灵岩寺石窟（即云冈石窟），于龙门山为孝文帝和文昭皇太后营建石窟各一所。永平年间（508—512 年）中尹刘腾又为宣武帝本人造石窟一所，这三所石窟即今之宾阳三洞。由此，在龙门石窟的开凿史上，掀起了第一个高潮。北魏晚期阶段内开凿的石窟主要有：古阳洞、宾阳三洞、莲花洞、火烧洞、皇甫公窟、药方洞、魏字洞、唐字洞、赵客师洞、普泰洞、慈香窟、路洞等。龙门北魏时期的洞窟形制，前段主要是继承云冈石窟中昙曜五窟的马蹄形平面、穹隆顶的草庐形式，如古阳洞、宾阳洞、莲花洞、火烧洞等。后段则是一种方形平面，穹隆顶（雕出大莲花）、后壁凿高坛，坛上置主像，在左右壁开凿大龛的形式，如普泰洞、魏字洞、皇甫公窟等。后一种似乎已成为

唐 洛阳龙门石窟奉先寺夜景

龙门石窟北魏末期的独特形制。这一时期的造像，多为面容消瘦的“秀骨清像”。佛多着“褒衣博带式”服装，衣褶层叠稠密，衣裙垂蔽方台座，或束腰须弥座。菩萨所披的帔帛交叉下垂，大裙下摆两角尖长。飞天动作潇洒，多呈跪姿，手捧果盘或持各种乐器，长裙及帔帛飘向身后，端部多呈尖状。

造像题材以三世佛为主，大型的世俗供养人行列，以宾阳中洞《帝后礼佛图》最为典型，可惜已在20世纪30年代被盗往日本和美国，皇甫公窟和古阳洞北壁的《礼佛图》还保存完好。

此外，慈香窟附近一些小窟中也有少许小型的礼佛行列浮雕。它们都是北魏世俗官宦形象的真实写照。古阳洞、宾阳洞、莲花洞等窟中流行的维摩诘经变浮雕，也具有一定的特色。在雕刻手法上，已有了由云冈石窟的直平刀法

右页／北魏 洛阳龙门石窟 古阳洞
左页／北魏 洛阳龙门石窟 宾阳中洞

向龙门石窟圆刀刀法过渡的趋向，艺术风格也从云冈的浑厚粗犷转向龙门的优雅端严。

龙门的北魏造像，已经是一种融和外来与传统的艺术，并创造出了新的民族雕刻艺术形式。佛像的式样，在中国东汉以后的历朝历代都有变化。印度的佛像穿的是通肩或偏袒右肩式的袈裟，因为那里系亚热带地区，人们的衣着都很单薄，且多偏袒右臂，裸露胸膛，云冈第 17—20 窟主佛就是这种“偏袒右肩式”。这种衣饰被龙门古阳洞侧壁上层大龛主佛所继承。云冈石窟第 8 窟和第 20 窟的左右夹持佛像穿的是所谓“通肩式”袈裟，宽而薄的长衣紧紧贴在身体上，并随着躯体身段的起伏，形成了若干平行弧线。以上两种衣服的式样，在早期佛教造像中是很流行的，都是从印度传来的服装式样。在云冈石窟第二期的洞窟里，出现了“褒衣博带式”的袈裟，衣服为对襟，露出内部的僧祇支，胸前有带系结。右襟向左披向左肘上，既是汉民族化的佛像特点，也是北魏鲜卑族汉化的重要表现。龙门的北魏造像，即以这种“褒衣博带式”服饰为主，更兼面貌清秀、潇洒飘逸，具有相当的艺术感染力。这种艺术风格的形成，是与当时的

孝文皇帝礼佛图 北魏 原位于洛阳龙门石窟宾阳中洞 美国纽约大都会博物馆藏

社会风尚密切相关的。

孝文帝即位后，进行了一系列汉化改革并迁都洛阳，以南朝为榜样，制定礼乐制度，大力吸收南朝文化，在客观上促进了北方社会经济的发展和各民族间的互相融合。当时的南朝，继续盛行着魏晋以来的“门阀制度”，士族和文人雅士在政治、经济和上层社会中享有优越的地位。那种潇洒不群、超然自得，无为而无不为的所谓魏晋风度，已成为当时的风尚。在哲学领域，则是以玄学替代经学，以本体论（内在实体的追求）取代了自然观（外在世界的探索）。这种追求，不是表面的、外在的，而是要表达出某种内在的、本质的、超脱的风貌姿容，这才是人们所欣赏、评价、鼓吹的对象。在这里，人们并不一定要学那种放浪形骸，饮酒享乐；而是被那种内在的才情、风神所吸引、感召。那种内在的思辨风神和精神状态，受到了人们的尊敬和顶礼。这种风尚在绘画领域里的表现，则是讲求“以形写神”和“气韵生动”。

“秀骨清像”的造型风格，起始于东晋时期的顾恺之、戴逵，形成于南朝刘宋时期的陆探微。顾恺之（346—407年）在义熙年间（405—418年）为散骑常侍，博学有才气。他的为人，据说是“痴黠各半”“好谐谑”“好矜夸”，却又是“率直通脱”（《晋书·顾恺之传》）。这种作风正是魏晋名士的思想表现。他在江宁（今南京市）瓦棺寺画的维摩诘像，据张彦远《历代名画记》卷2记载：“有清羸示病之容，隐几忘言之状。”俨然一幅悠然超世的神态。他的作品留传至今的有摩本《女史箴图》《洛神赋图》等。我们从中可以窥见“秀骨清像”的画风和“褒衣博带”的衣冠服饰。它们

菩萨头像　北魏　原位于洛阳龙门石窟宾阳中洞　日本东京国立博物馆藏

虽然都是后代摹本，但画中同样的妇女服饰也见于炳灵寺第169窟中的西秦壁画和北魏延兴四年至太和八年（474—484年）司马金龙墓木板漆画，可见有一定的可靠性。陆探微（生卒年不详）深受顾恺之画法的影响。唐张怀瓘评论他的人物画是以"秀骨清像，似觉生动，令人懔懔，若对神明"（《历代名画记》）为特征。这种"秀骨清像"的艺术特色即成为当时所尊崇的风尚，并影响于后代。

"褒衣博带"，《汉书》卷71《隽不疑传》载："不疑……褒衣博带，盛服至门上谒。"颜师古注："褒，衣大裾也。言着褒大之衣，广博之带也。"《晋书·五行志》曰："晋末皆冠小而衣裳博大，风流相放，舆台成俗。"《宋书·周朗传》曰："凡一袖之大，足断为两，一裾之长，可分为二。"《颜氏家训》又曰："梁世士大夫皆尚褒衣博带，大冠高履。"由此可见，这种服装在当时的南朝上层男子中是相当流行的，我们从宾阳中洞前壁的《孝文帝礼佛图》和巩义石窟寺中的《礼佛图》中就能看到很多身穿这种服装的贵族男子形象。不过，如果从严格的意义上说，龙门北魏佛像的服装与当时世俗间的"褒衣博带"装还是有区别的。而在南京一带南朝墓葬中出土的"竹林七贤与荣启期"砖雕中的荣启期所着服装，正与佛祖穿的对襟大衣、内衣束带下垂的做法完全相同。可见，南朝的佛教艺术家们最早创作"褒衣博带"装佛像时，参考的是当时深受人们敬仰的隐逸者们所穿着的服装。

在南北朝时期，北方虽在军事实力和军威上胜过南方，但这些少数民族建立的王朝，一直以南朝文化为华夏正统，并以南朝文化作为自己学习的榜样。《北齐书》卷24《杜弼传》曰："弼以文武在位，罕有廉洁，言之于高祖。高

祖曰：弼来，我语尔：天下浊乱，习俗已久。今督将家属多在关西，黑獭常相招诱，人情去留未定。江东复有一吴儿老翁萧衍者，专事衣冠礼乐，中原士大夫望之，以为正朔所在。我若急作法纲，不相饶借，恐督将尽投黑獭，士子悉奔萧衍，则人物流散，何以为国？"《续高僧传》卷6《释法贞传》曰："(法贞)住魏洛下之居广德寺，为沙门道记弟子，……与僧建齐名，……魏清河王元怿、汝南王元悦并折腰顶礼，谘奉戒训。会魏德衰陵，……贞谓曰：大梁正朝礼义之国，……相与去乎。"在这种思想观念与时代风尚之下，顾、陆的画风必然影响北方佛教艺术的制作。这也正是在龙门北魏窟龛中，无论是佛、弟子、菩萨，还是飞天、伎乐、神王均流行"秀骨清像式"造型、"褒衣博带式"服饰做法的艺术渊源所在。至此，来源于印度的佛教艺术，可以说在中国的土地上得到了更高的发扬。

北魏末年，由于河阴之变的动荡，龙门造像的第一个高潮过去了。《魏书》卷10《孝庄纪》中记载："及武泰元年（528年）春二月，肃宗崩，大都督尔朱荣将向京师……荣以兵权在已，遂有异志，乃害灵太后及幼主，次害无上王劭，始平王子正……公卿已下二千余人。"致使"河阴之下，衣冠涂地"(《魏书·尔朱荣传》)。在这种政治背景之下，北魏佛教开始衰落了。"正光（520—525年）以后，天

右页右图／力士造像 洛阳龙门石窟奉先寺 卢舍那像龛北壁

右页左图／力士造像 北魏 洛阳龙门石窟宾阳中洞

左页右图／洛阳龙门石窟莲花洞窟顶飞天（采自刘景龙《莲花洞》）

左页左图／洛阳龙门石窟莲花洞正壁主像（弗利尔与周裕泰拍摄于1910年）

下多虞，王役尤甚，于是所在编民，相与入道，假慕沙门，实避调役，猥滥之极，自中国之有佛法，未之有也。”洛阳作为北魏的京都，这种特点恐表现尤甚，因此影响到伊阙造像的减少以及火烧洞、赵客师洞、唐字洞、药方洞等窟的半途而废。此后直至北魏灭亡，一些善男信女仅在大窟以及崖面的剩余空间，补凿一些小龛以祈福。

北魏至孝静帝（534—550年）时，分裂成东西二魏。高欢迁孝静帝到邺城（今河北省临漳县），是为东魏，洛阳诸寺的僧尼也随同前往。东魏后来由北齐高氏所取代。西魏则以长安（今陕西省西安市）为首都，为宇文氏集团所把持，以后又被宇文氏的北周所继承。这两个王朝虽也对佛教采取提倡利用的政策，但此时的洛阳到潼关一线，已成为高氏与宇文氏两大势力的决斗场，繁荣的洛阳又一次化为灰烬。伊水两岸也很少有雕凿的举动，仅在路洞、唐字洞、古阳洞等窟中及魏字洞外等地发现了少量的东魏、西魏、北齐纪年造像龛。北齐时还对药方洞进行了补凿，完成了正壁大像与窟顶及外立面雕刻。它们分别反映着来自西魏、北周首都长安和东魏、北齐首都邺城的佛教艺术风向。

洛阳龙门石窟惠简洞 唐

二菩萨像 唐 洛阳龙门石窟清明寺洞侧壁（采自《中国石窟·龙门石窟》第2卷）

二、隋唐时期

隋唐时代是中国佛教的集大成时期。佛教学风在“破斥南北、禅义均弘”的形势下，南北佛教徒们不断地交流和相互影响，完成了对以前各种佛教学说的概括和总结，为创立中国化的佛教做好了思想准备，也使佛教造像艺术充满了清新与活力。

隋王朝（581—618 年）虽然立国短促，但由于统治者对佛教的积极扶植，全国范围内保存下来了许多隋代的佛教遗迹。其中以敦煌莫高窟隋代洞窟最为丰富辉煌。但位于东都洛阳南郊的龙门石窟至今所能确立为隋代雕刻作品的却屈指可数。在北魏开凿并中途辍工的宾阳南洞中有一所隋炀帝大业十二年（616 年）梁佩仁造的双小龛。此外，宾阳中洞的外立面上有一所隋文帝开皇十五年（595 年）斐慈明开凿的小龛，还有一些小龛也可能开凿于隋代。

进入唐代以后，统治者们很重视对佛教的整顿与利用，使佛教愈加从属于政治，并与中国儒家思想相结合。唐太宗贞观十九年（645 年），玄奘大师从印度求法归来，朝廷特为他组织了大规模的译场。他以深厚的佛学修养，对带回的梵文佛典做了精确的译传，给予当时佛教界以极大的影响。在唐高宗与武则天时期，佛教发展达到空前，龙门众多的唐代窟龛，绝大部分开凿于这段时间。规模宏大的奉先寺大卢舍那像龛，就是专门为唐高宗与武则天造功德的皇家石窟工程。为此，武则天曾于咸亨三年（672 年）施助脂粉钱两万贯。稍后，武则天为给自己登极坐殿制造神学预言，指使佛教徒薛怀义和法朗等伪造《大云经》，“言则天是弥勒下生，当作阎浮提（人世间）主，唐氏合微”（《旧唐书·薛怀义传》），将武则天夺取李唐政权说成是符合弥勒的授记。随后又在全国各州建造大云寺。现存于全国各地，如敦煌莫高窟、固原须弥山等地的倚坐弥勒大佛像，或许均与这种形势有关。与此同时，他们也在龙门石窟广造弥勒像，如大万伍佛洞、惠简洞、极南洞等，有的还把弥勒置于主佛的地位，以过去佛和现在佛释迦牟尼为胁侍，如摩崖三佛龛等。在这种以佛教“助王政之禁律，益仁智之善性”（《魏书·释老志》）的作用下，龙门造像迎来了它的第二个高潮。

龙门唐代石窟造像艺术大体可分为三期。第一期包括唐太宗—唐高宗时期。主要大窟为贞观十五年（641 年）前后

完成的宾阳南、北洞及其后开凿的潜溪寺。此外，还包括分布于敬善寺区的中小型窟龛。洞窟形制仍作马蹄形平面，穹隆顶，有莲花藻井。造像组合为一佛二弟子二菩萨二王天。佛装主要是双领下垂式大衣，其次是通肩式袈裟。菩萨头戴宝冠，袒裸上身或着内衣，在胸前束带，帔帛横过胸腹下部两道。各种造像都是身躯挺直、很少具有身段的曲线。

第二期，约自武则天亲政至武周时期。这一期有纪年的大中型窟龛较多，其中以上元二年（675 年）完工的奉先寺大卢舍那像龛，以及咸亨四年（673 年）完工的惠简洞、永隆元年（680 年）完工的万佛洞等窟为代表。此外，还有八作司洞、龙华寺洞、北市彩帛行净土堂、大万五佛洞、高平郡王洞、看经寺、二莲花洞等，以及含有密教题材内容的擂鼓台南、北洞与万佛沟的千手观音洞、千手千眼观音龛等。这一期洞窟的形制，为后室呈正壁抹角的马蹄形平面，圆顶，前室平顶。环正、左、右三壁凿出倒凹字形坛床，布置列像，改变了第一期在后壁布置列像的做法。造像以一佛二弟子二菩萨二天王为主的一铺七尊式组合较多，主像占据的窟内空间缩小，门外雕二力士像。这时的佛像主要着通肩衣，其次是双领下垂大衣；菩萨多袒裸上身或斜披胸巾，帔帛自两肩垂于体侧，双手牵动外扬，造

虢国夫人游春图（局部） 宋代摹本 绢本设色 辽宁省博物馆藏

像肌体丰腴，身姿婀娜，颇具曲线美。

第三期约自中宗神龙年间至德宗贞元年间（705—804年）。这期造像在规模和数量上远不如前期。其中极南洞是这段时期一个较大的工程，它是由盛唐名相姚崇为亡母刘氏造功德开凿的，时间大约在中宗神龙二年到景龙四年间（706—710年）。窟形大多为方形平顶，多位于龙门西山偏南处的崖面。造像组合多为一铺九尊式。还有看经寺上方的景云元年（710年）吐火罗僧宝隆像龛、万佛沟口的户部侍郎卢征在贞元七年（791年）造的救苦观世音菩萨石像龛等。擂鼓台的党晔洞大约也是建造在这段时期。佛像的服装仅通肩大衣一种，菩萨多袒裸上身。盛唐以后造像的形体稍嫌滞重，较初唐已大为逊色，补刻在奉先寺大龛壁上的众立佛像都是这样的。从龙门石窟艺术中可以看出，唐代的佛教造像与南北朝时期已有很大的不同，已不再是那般超凡脱俗和不可言说了，而是代之以更多的人情味与亲切感。佛陀形象已变得更加慈祥和蔼，关心人世间的疾苦，再加上阿难的朴实温顺，天真无邪；迦叶的老成持重，沉着认真；菩萨的文静贤淑，秀丽多姿，以及天王的威武强壮与力士的凶猛暴烈。

这些设置均各司其职，井然有序，它是佛教从教义到机构设施，日益同政治势力与儒家思想相融合，从而进一步中国化的外在表现。唐代的佛教艺术，其宏大的规模与气魄，都是空前绝后的。在这个中国封建社会发展的最高点上，对外是开疆拓土军威四震；国内则是相对的安定和统一；中外贸易的发达，丝绸之路的繁荣，所带来的是中外文化大融合的局面。唐代先民们对外来文化无畏惧、无顾忌地兼收并蓄，并敢于创造与革新的精神，是唐代佛教艺术民族作风形成的社会基础。进入隋唐以后，佛教更加渗入民间，佛的形象也更人格化、世俗化。在大唐盛世人民安居乐业的时代里，人们更加关心自己来世的幸福，对能量无边的佛祖寄托了无限的希望，他们祈求佛祖能带领自己进入西方的极乐世界。

龙门石窟唐代造像，是以健康丰满的姿态出现的。那种面相丰腴、形貌秀丽、含睇若笑、温雅敦厚、富于人情味，身躯比例适度、体态健美颀长而丰满的作风，是与当时的时代风尚密切关联的。首先，以丰满健康为美的艺术特色，与前代有一定的承袭发展关系。这种风格起源于南朝萧梁的张僧繇。张僧繇是六朝最有影响的大画家之一，他在人物画的造型上，与陆探微不同。陆是“秀骨清像”，张则画天女、宫女“面短而艳”。宋代米芾《画史》称张僧繇画的佛像为“张样”。唐代张怀在《画断》中提到顾恺之、陆探微、张僧繇的创作时说：“张得其肉，陆得其骨，顾得其神。”这种以胖为美的艺术风格影响到了整个梁朝的绘画与雕塑，不久即传入北方地区，又影响到了东魏、北齐、西魏、北周佛教艺术品的制作。敦煌莫高窟北周时期的塑像，与前代的清秀型已截然不同，多为低平肉髻，面相丰圆、方颐，头大而下身略短。这种略显肥胖的造型风格，也出现在麦积山、炳灵寺石窟北周塑像，天龙山、响堂山石窟北齐雕刻之上。同样，龙门药方洞北齐开凿的一铺主像，也具有这种风格。这种在中国北方北齐、北周石窟中所出现的共性，正与张僧繇的画风近似，应是受这一派的艺术作风影响而形成的，并且对以后的隋唐画风也产生了深远的影响。

唐代的李嗣真对张僧繇推崇备至，认为他的绘画“骨气奇伟，师模宏远，岂惟六法精备，实亦万类皆妙”。《历代名画记》卷7还引李嗣真的话说：“顾、陆已往，郁为冠冕；盛称后叶，独有僧繇！今之学者，望其尘躅，如周、孔焉。”初唐的闫立本、闫立德绘画师法“郑（法士）、张（僧繇）、杨（子华）、展（子虔）”，以为“自像入已来，曲尽其妙，简易标美，多不可减，少不可逾，其唯子华”（《历代名画记》卷8）。现藏于美国波士顿美术馆的《北齐校书图》残卷（宋人摹本），其中的男女人物就可见到造型丰腴的艺术特色，与北齐武平元年（570年）娄睿墓壁画风格相近。张僧繇的笔法被称为“疏体”，张彦远曾说：“张（僧繇）、吴（道子）之妙，笔才一二，象已应焉。”（《历代名画记》卷2）显然吴道子的绘画也是一种“疏体”的表现形式，并直接承袭于张僧繇。吴道子曾在寺院中广作佛画，多载于《宣和画谱》，从传世品《送子天王图》等画中，可以看到人物面相丰满适度的艺术特色，并影响到了同时代的画家。不仅画界如此，当时的雕塑家们也是深受这种风格的影响。“（吴）道子画，（杨）惠之塑，夺得僧繇神笔路。”（刘道醇《五代名画补遗》）宋代董逌《广川画跋》中说：“吴生之画如塑然，……旁见周视，盖四面可意会。”可见绘塑间的相互影响，相得益彰的关系。“曹吴二体，学者所宗”“雕塑铸像，亦本曹吴”（郭若虚《图画见闻志·论曹吴体法》）。人物画到了盛唐以后，出现了一种新的画题，即所谓的“绮罗人物”。它的造型特点，不论是绘画或雕塑，最明显的是曲眉丰颊，体态肥胖，即贵族妇女的实际写照，张萱、周昉为这种画派的代表人物。张萱的《虢国夫人游春图》与《捣练图》，其中人物具备着“态浓意远淑且真，肌理细腻骨肉匀”（唐·杜甫《丽人行》）的特色。她们丰姿绰约，衣着格外豪华，属贵族妇女幽静闲散生活的艺术再现。周昉“初效张萱，后则小异，颇极风姿”（《历代名画记》卷10）。《宣和画谱》评论他善画“贵游人物”，且作“浓丽丰肥之态”，如《挥扇仕女图》《簪花仕女图》《调琴啜茗图》等，无不“以丰厚为体”（《宣和画谱》卷6），使这种肥胖画风得到了更好的发扬，并为中、晚唐画家们所尊崇。不仅绘画如此，从墓葬中出土的女俑也可证明这一点。初唐女俑，面部虽为丰满圆润，但身材一般属窈窕型。新疆吐鲁番阿斯塔那第206号张雄夫妇墓出土的骑马女俑，制作于垂拱四年（688年），身体已显肥胖。西安地区出土的唐开元、天宝年间的女立俑，面部丰腴肥胖，衣裙宽松，身体臃肿，呈胖姑娘型，有的鼓腹如怀孕之态。类似形象的女俑在河南、辽宁等地均有发现，这种风格一直延续到晚唐时期。

其次，唐代造型艺术中女子体格的所谓“丰颐典丽，雍容自若”风格，不仅是唐代贵族妇女的写照，也是唐代上层社会审美情趣的反映。周昉“作仕女多为浓丽丰肥之态，盖其所见然也”（《图绘宝鉴》）。汤垕《画鉴》上也说周昉笔下的仕女“浓丽丰肥，有富贵气”。这都是当时上层社会的审美时尚在绘画艺术中的反映。换句话说，也正是这种审美情趣，才影响到了绘画的创作。宋代人董逌在谈到唐代绘画时说：“人物丰浓，肌胜于骨……此固唐世所尚。尝见诸说太真妃丰肌秀骨，今见于画亦肌胜于骨，昔韩公言曲眉丰颊，便知唐人所尚以丰肌为美。”（《广川画跋》）初唐的雕塑和画像均趋于写实，并以比例适度、面相丰腴、体态健美、庄严沉静为其造型风格特点。这种形象（有人称之为“胖胖型”）出之于现实生活，代表了宫廷贵族和上层社会的审美观，到盛唐乃蔚然成风。故宫博物院藏阎立本绘的《步辇图》中，李世民坐在宫女所抬的步辇中，若非健壮的女性是不能胜任的。唐女子习于西北的胡人风俗，多能骑马，仕女游春与男子同样骑乘，如张萱《虢国夫人游春图》。因此，唐女俑中也多有骑马女俑，与宋明以后的女子不出闺阁，弱不禁风者大不相同。“平明骑马入宫门”（唐·张祜诗《集灵台·其二》），已成为宫廷女子日常生活的习惯了。

任何虚幻世界中的人物，必以现实生活为其范体。反映在唐代生活、绘画中的情趣与风尚，必然反过来影响佛教石窟造像的制作。在龙门唐代石窟中，佛、罗汉、菩萨、诸天、力士等，都是美丽和健康的化身。这些从现实世界中选取的美与健康的典型，反映在出世间的雕刻作品上，使人们能透过艺术的感染力，去赞赏信服佛陀的伟大。龙门唐代菩萨形象也开始世俗化和女性化，它们丰腴健美，意态温婉，头束唐人流行的高发髻，佩戴宫嫔喜欢的钏镯饰，身穿薄纱透体的罗裙和锦帔，“慈眼视物，无可畏之色”，给人一种亲切感。它们多是以唐代贵族妇女，特别是家伎等女艺术家为模特儿而雕刻成的。所以宋代的释道诚说：“造像梵相，宋齐间皆唇厚鼻隆，目长颐丰，挺然丈夫之相。自唐来笔工皆端严，柔弱似妓女之貌，故今人夸宫娃如菩萨也。”（宋·释道成《释氏要览》卷中）韩干在宝应寺所画释梵天女，“悉齐公妓小小等写真也”（唐·段成式《寺塔记》卷上）。可见唐代佛教人物形象，已普遍采用世俗生活中的人物作为蓝本。关于这一点，宋人郭若虚说：“今之画者，但贵其姱丽之容，是取悦于众目，不达画之理趣也。”这说明菩萨像的女性化为群众所喜闻乐见，因此得到了广泛的认可。可见，这种将佛国世界世俗化的表现手法，是为朝野所喜闻乐见的一种艺术形式，因而也就具备了较强的生命力。它不但有利于使佛法深入人心，也可以起到教化众生之作用。

龙门石窟在唐以后的五代、宋、金、元、明诸朝，只留下了少量小型的造像和题名、题游之类。从奉先寺下方北宋开宝元年（968 年）开凿的双佛菩萨龛以及擂鼓台南洞外，常景等人于元丰二年（1079 年）造的阿弥陀佛像一铺中，我们已完全看不到大唐盛世健康向上的艺术风貌了。

由于历史的原因，龙门石窟展现在人们面前的多是无头的造像，就连几厘米的小佛像也不能幸免。郭玉堂《洛阳古物记》（手抄稿本）曰：“洛阳传曰，初生宋赵太祖，天红三日，今曰火烧街。当时人曰龙门石佛成精，去打石佛，残去多数。”元人萨天锡《龙门记》云：“诸石像旧有破衅及为人所击，或碎首或捐躯，其鼻耳其手足或缺焉，或半缺全缺，金碧装饰悉剥落，鲜有完者。”可见在龙门一带很早就有因某种迷信思想而毁坏造像的传统。特别是到了 20 世纪 30 年代，美国文物盗窃分子与中国文物奸商相勾结，对龙门石窟进行了有目的地盗凿，使龙门造像毁坏多处，包括精美的宾阳中洞《帝后礼佛图》。1950 年以后，龙门杜绝了破坏现象，即使在十年“文革”期间，经过文物工作者的共同努力，使龙门石窟保存了旧有风貌，为国家的文物事业做出了贡献。龙门造像的目的所在，多是为了祈福禳灾、广植功德。这点充分表现在了造像附属的功德记中。这些虔诚的善男信女为寄托自己不同的心愿所镌刻的造像，今天已基本失去了它们本身的宗教价值，却留下了带有很深时代烙印的丰富的艺术形象，使我们以至于子孙后代都能从中得到美的享受。

作者系四川大学艺术学院教授

北魏洛阳永宁寺遗物

北魏熙平元年（516年），胡太后（司徒胡国珍女）信佛事，其有一姑母，曾为女冠子，好谈释教，太后自幼相依，耳熟能详，至此特命在崇训宫侧建造一永宁寺，规模之宏大为洛阳千寺之冠。又在伊阙口建寺。北魏杨衒之《洛阳伽蓝记》中记载：『永宁寺，中有九层浮图一所，架木为之，举高九十丈。上有金刹，复高十丈；合去地一千尺。去京师百里，已遥见之。』534年，永宁寺塔被大火焚毁。据推算，永宁寺塔高度可能达136.7米。

安住吾心

佛陀立像 北齐 石灰石质 山东青州博物馆藏

青州北齐造像及其样式由来

文／罗世平

佛陀立像局部 北齐 石灰石质 山东青州博物馆藏

北齐是中国历史上一个短暂的朝代，同时又是美术史上绽放异彩的时期。在前后不足三十年的时间里，绘画上有杨子华、曹仲达这样彪炳画史的画家；雕塑上留下了天龙山、响堂山石窟艺术；书法上则有后代书家奉为“擘窠大字之极则”的泰山金刚经。20 世纪 50 年代以来，北齐的美术作品不断有新的发现，而每一次的发现，都不同程度地推进了人们对北齐艺术成就的认识。重要的如 1955 年曲阳修德寺 2200 件窖藏佛像的发现，引起了国内外对北齐雕塑艺术的极大关注。1983 年山西太原娄叡墓壁画和 1989 年河北磁县湾漳大墓壁画的出土，带动了对北齐绘画成就与画家杨子华风格的研究。1996 年山东青州龙兴寺窖藏佛教造像的问世，再一次引发了对北齐造像样式成因的讨论。由于青州北齐造像在风格样式上的新变因素，带有中替北魏流风的作用和开启隋唐新风范的特征，因此，青州佛教造像在北齐美术研究中的分量似又超出以往。本文即是以此学术背景作为展开讨论的基点。

一、青州地区的北齐造像

青州地区北朝时期的佛教铜、石造像，20 世纪 50 年代以来陆续就有发现，大规模的出土主要集中在 80 年代前后，据已公布的资料，最重要的有以下几例：1976—1984 年，博兴县城东北发现龙华寺遗址，清理出土铜、石造像 200 余件。1979—1981 年，青州市城东兴国寺旧址采集到残石造像 40 余件。1988—1990 年，诸城县兴修体育中心，发现古代佛寺废址，出土造像残体 300 余件。1989 年，临朐县明道寺遗址发现窖藏佛像残石 300 余件。1996 年，青州市发现龙兴寺遗址，在寺址中轴线北部大殿后清理出土窖藏佛教石造像 400 余尊。

据文物部门的粗略估计，包括广饶、高青、无棣等地的先后发现以及流失台湾和海外的作品，青州地区出土的佛像总数已逾千件，北齐造像在其中占有相当的数量。

青州地区的北齐造像以当地生产的石灰石为主要材料，雕像表面磨光，彩绘装金。北魏以来形体清隽、褒衣博带式的造像程式几乎消失不见，一种圆面螺发、薄衣贴体、类似印度笈多式的佛像成为造像中的主流。这种造型整体简洁明快的造像新风在佛和菩萨像上表现得十分典型。青州龙兴寺出土有北齐时期的立佛和坐佛像多件，佛像以低平螺发肉髻、面短而圆、薄衣贴体、隐现躯干为主要特征。单体立佛在衣纹刻画上另有几种变化，一种是衣褶舒叠贴体下垂，略有高低层次的变化；一种为贴体刻单线和双线衣纹，它的变体是隐起石面的装饰化衣纹；第三种则是周身不雕饰衣纹，仅于袖口裙摆等处略做交待，然后彩绘袈裟为田相方格。这些佛像衣纹的不同处理手法，在总体上均给人质薄透体的视觉效果。同样的造像风格也见于四川出土的梁朝单体立佛造像上，是较多保留了印度笈多式雕刻艺术的造像。

青州坐佛见有跏趺坐像和倚坐像两类佛像，胸前刻出卍字。跏趺坐像中半跏坐像较普遍，均雕刻成袈裟裹足、露掌或不露掌的形式，雕刻手法与立佛相同。这类跏趺坐姿的佛像在河北邯郸响堂山石窟、河南南阳宝山大留圣窟及小南海石窟中也是常见的样式，山西太原天龙山第八窟的坐佛也取同样的姿势。宝山大留圣窟为著名高僧道凭法师建于东魏北齐之际，天龙山第八窟为隋代所建，可知这类跏趺裹足的半跏坐佛像出现于东魏而流行于齐隋之际的邺城、晋阳和青州地区。

单体菩萨立像比例合度，轮廓整体简洁，顶饰华冠，精巧华丽。华绳缨珞和用连珠纹摩尼宝相花做装饰的绅带，雕刻繁复但丝毫不损造型的整体感，天衣帔帛、薄衣裙带的浅刻线条使菩萨修长挺拔的身姿得以突出，华美端庄成为北齐菩萨像的造型特点。

青州北齐佛像简洁光素的造型和菩萨佩饰华美繁缛的样式，在其形成过程中，曾有过由东魏流风向北齐新样的短暂过渡。从出土品造像的过渡风格来看，某些东魏因素的存在，主要是工匠在开始接受新样式时对原有样式的一份留恋，东魏流风与北齐新样之间的不和谐因素是显而易见的，它的消退是一种必然。没有多久，东魏因素在造像中便整体消失。通过以上的观察，一个直观的印象是，青州不是北齐造像新样的形成地，而是主要的接受地之一。问题在于，北齐新样的形成，或者说构成北齐新样诸种因素的来源又在哪里？

二、佛像舶来与南朝新样

关于青州造像中北齐新样的来源问题，金维诺和宿白提出了南朝影响和印度样式新一轮传入的意见，他们的看法是富有启发性的。青州出土的北齐佛菩萨像上显而易见的印度笈多样式似乎给出了两点提示：其一，这新一轮印度样式的传入不同于 4—5 世纪间由印度西北经由中亚诸国逐渐转入中原的区域性传播，而是一次大规模的引入和推广；其二，新一轮传入的佛像样式不同于以犍陀罗样式为主流，杂以中亚粟特的诸种造型因素，而是以笈多样式为主流间有南海诸国的造型因素。通常将由南海传播过来的笈多式佛像称为南传样式的佛像。

印度笈多造像样式，有 2—6 世纪的作品可资考察。典型的如加尔各答印度博物馆所藏，马图拉（Mathura）出土的约 2 世纪的红砂岩立佛和坐佛像。面短而圆、薄衣贴体、有意显露身体结构和装饰化衣纹的处理，已经脱出了犍陀罗写实的古典样式，预示着笈多式佛像的发展方向。马图拉博物

佛陀立像 北齐 贴金彩绘 石灰石质 高128cm 山东青州博物馆藏

佛陀立像 北齐 贴金彩绘 石灰石质 高148cm 山东青州博物馆藏

馆藏，高文德那加尔（Govindnagar）和牙马尔堡（Yamalpur）遗址出土的5世纪的佛像，已是典型的笈多造像样式。那烂陀博物馆所藏，萨尔那特（Sarnath）出土的释迦牟尼初转法轮像，为5世纪的作品。造像的特点是衣服几乎不刻褶纹，仅于领口、下摆等处做出提示，雕造简洁细腻，属于笈多样式中更具印度民族审美意趣的造像。

5世纪在笈多王朝时确立的印度民族样式随着佛教的传播，不久即对狮子国（今斯里兰卡）、扶南（今柬埔寨）等南海诸国产生影响。斯里兰卡阿努罗陀补罗（Anuradhapura）出土的一尊禅定佛像，作于公元6世纪左右，是笈多风格在南海的早期遗迹。狮子国曾是东晋求法高僧法显的游历地，《法显传》曾详细记述了狮子国无畏山伽蓝的盛况。据说无畏山寺院建筑和塔像是仿照南印度阿玛拉瓦提式样建造的，寺中有玉佛像，“高二丈多”。中国文献中也有过由狮子国传入玉佛像的记载，其像与顾恺之的维摩诘壁画、戴逵的五方佛像传为“瓦棺寺三绝”。法显到狮子国是410年，狮子国的玉像传到东晋大约也去此不远。此后在元嘉五年（428年）、元嘉十二年（435年）狮子国国王刹利摩阿南又遣使上表和进献牙像等方物。由是可知在5世纪初，笈多式的佛像已由狮子国渡海传到中国南方。

扶南国也是佛教南传路线上的重要一站，早在三国吴时就和中国有往来。在竺梅檀和憍陈如王在位的5—6世纪间，国内行天竺法，并接受狮子国传来的上座部佛教，于齐梁之际多有使臣来往于中国。梁天监二年（503年）、天监十八年（519年）、普通元年（520年）、大同元年（535年）、大同五年（539年）遣使献珊瑚佛像，天竺旃檀瑞像和方物。流行于斯里兰卡的上座部经典《解脱道论》也由齐时来华的扶南僧人翻译出来，这些说明扶南国此时已是一个佛教输出的国家。

在与扶南往来的过程中，大同五年梁武帝派沙门释宝云随使臣去扶南迎取佛发，对于传播南传螺发佛像颇值得注意，事见《南史》卷七十八《夷貊上》：“（大同）五年，复遣使献生犀，又言其国有佛发，长一丈二尺。诏遣沙门释宝云随（扶南）使往迎之。先是，三年八月，武帝改造阿育王佛塔，出旧塔下舍利及佛爪发，发青绀色，众僧以手伸之，随手长短，放之则旋曲为蠡形。”

大同三年（537年）修阿育王塔所得旋曲为蠡形的佛发即螺发，并成为梁武帝下南海专程迎取的契机。此后，螺发佛像样式遂借帝王之力而得到推广。《艺文类聚》卷七十七收录有梁简文帝撰《梁安寺释迦文佛像铭》，铭文所谓“帝为知仰，皆规面象，敬模螺发，式图轮掌”，指的即螺发佛像的雕造。现存的南朝造像多见螺发佛像，如浙江绍兴博物馆藏齐永明六年（488年）的维卫尊佛、梁僧祐于天监年间主持完成的浙江新昌石城山弥勒大佛、上海博物馆藏梁中大同元年（546年）释慧影造像以及四川成都万佛寺和西安路出土的佛像等，皆为南朝螺发佛像的遗例。梁朝螺发佛像的雕造之风与梁武帝修造阿育王塔时发现的佛发有直接的关系，而修塔的举动又与南海佛塔新样的传入有关。《南史》卷七十八《夷貊上》：“槃槃国……梁中大通元年、四年，其王使使奉表累送佛牙及画塔……六年八月，复遣使送菩提国舍利及画塔图，并菩提树叶、詹糖等香。丹丹国，中大通三年，其王遣使奉表送牙像及画塔二躯。”

南海的槃槃国和丹丹国送画塔样集中在梁中大通年中，此后不久便有梁武帝广修阿育王塔之举。

由南海传入的佛教造像样式中，值得注意的另有蜘趺坐姿的佛像。日本学者彦坂周曾专题讨论过南传佛像的坐姿，所举图例均是袈裟裹足、双腿叠压的样式，与犍陀罗北传佛像的坐姿明显不同，这种坐姿的佛像也普遍流行于齐梁之际。彦坂周还注意到南传坐姿佛像在响堂山石窟和天龙山石窟的遗例，在他画出

左图 / 菩萨立像 北齐 贴金彩绘 石灰石质 山东青州博物馆藏
右图 / 菩萨立像 北齐 贴金彩绘 石灰石质 山东青州博物馆藏

的南传路线图中，确定笈多佛像样式于 6 世纪传到中原，这一判断大致符合中国的史实。

上述对南传佛像样式传播路线的粗略考察，可以看到在 5—6 世纪的齐梁之际笈多式佛像经由南海诸国频繁地传入中国南朝，尤以梁武帝用力最多，规模最大，效果也最为明显。可以这么认为，萧梁时的建康是南传佛教样式进入中国的第一站，南传新样最先在这里立足，然后向周边和腹地推广。

三、文明正朔与南风北渐

由南海频频传入的佛像和塔样，萧梁时得以在境内推行。梁武帝是历史上著名的信佛皇帝，在位近 50 年，三次舍身同泰寺，自比印度阿育王，多次主持佛经的译述和讲集，对于天竺塔像抱有极大的热情。天监元年（502 年）梁武帝感梦优填王像，诏募80人往天竺，至天监十年（511年）迎归京师。天监五年（506年）敕召扶南国沙门僧伽婆罗译出《阿育王经》。天监十八年（519年）扶南国王又遣使送栴檀瑞像。荆州长沙寺原有阿育王金像，梁武帝时迎至京师供养。东晋得自丹阳的另外一尊阿育王像，在传入过程中趺坐与像体离散，梁武帝时又失而复得，经修治恢复原貌，并于大同年间（535—546年）扩建阿育王寺，"造诸堂殿，并瑞像周回阁等，穷于轮奂焉"，这次扩建阿育王寺是一项浩大的工程。正如前节中所录，梁武帝派沙门去扶南迎佛发而引起螺发佛像样式的流行。槃槃国和丹丹国于中大通元年至四年间（529—532年）进献的塔样，极有可能也是为这次扩建阿育王寺做的准备。

梁武帝阿育王寺塔毁于侯景之乱，其中供奉的阿育王像后又被梁元帝移至荆州长沙寺供奉，萧绎专为此像撰文勒碑，其像在唐道宣写《广弘明集》时还见存。有梁朝纪年的阿育王像在四川相继出土，四川省博物馆藏梁中大通元年（529年）鄱阳王世子造像和北周益州总管宇文昭造像以及1995年成都西安中路出土的梁太清五年（551年）杜僧逸造像等，都是笈多样式的阿育王像。在四川省博物馆库房内另存有多件相同样式的立佛残体和螺发佛头，也是按建康流行样式雕造的。梁京师建康的佛像取样于笈多南海的螺发佛像，消息已见前揭梁简文帝《梁安寺释迦文佛像铭》中。

梁武帝得自南海的塔样，应为梁朝建造寺塔的图本。张彦远《历代名画记》著录的张僧繇之子张善果的作品中，有《灵嘉寺塔样》一件，此塔样是否与槃槃国、丹丹国塔样相同，实物不存，无从得知。不过有一点可以相信，张僧繇父子主要活动于梁武帝时期，梁武帝引进的南海塔样一定在张氏父子的艺术活动中有所反映。按今马来西亚保存的中爪哇时期（732—925年）和柬埔寨7—9世纪的遗迹中，覆钵形单层龛的石塔雕造精丽，装饰纹样多见华丽的宝相花、忍冬缠枝连珠纹以及金翅鸟、卡拉兽（Kala）等装饰母题，这类用于佛塔的纹样组合和装饰意趣与南北响堂山覆钵形塔的外观和塔龛装饰相近，只是年代略晚于响堂山，装饰更为繁缛。爪哇和扶南都是与南朝有频繁往来的南海古国，尤以扶南与萧梁交往密切，在南传佛像图本中，扶南的因素占有更大的比重。

梁武帝建寺造像的一系列举动，一方面鼓励着南海诸国的佛教新样更频繁地传入，另一方面则引起北方朝野的倾慕向往。按当时的形势，东魏与西魏争锋鏖战正酣，高欢政权出于政局的考虑与南朝通聘往来，建康与邺城开始有了实质性接触。《资治通鉴》卷一五七《梁纪》卷十三："时（大同三年）南北通好……每梁使至邺，邺下为之倾动，贵胜子弟，盛饰聚观，礼赠优渥，馆门成市。"

在北方中原士人眼里，南朝一直被视为衣冠正统，文明正朔所在，到梁武帝时更有过之。高欢在与杜弼分析时势时的一番话便道出了中原士人归心南朝的人情物望："江东复有吴儿老翁萧衍者，专事衣冠礼乐，中原士大夫望之，以为正朔所在。我若急作法纲……恐……士子悉奔萧衍，则人物流散，何以为国？"

这样的人情心态，加之南北通好的契机，为佛教新样流布北齐境内准备了条件。

四、鼓山与晋阳大佛

北齐接受南传造像新样，由皇室首开风气。现存的遗迹中，河北响堂山石窟创建于北齐文宣帝时，山西太原西山大佛和童子寺大佛的创建也与北齐皇帝直接相关。

响堂山初为葬高欢的陵藏而开凿。按《资治通鉴》卷一百六十《齐纪》载："（太清元年正月）丙午，东魏渤海献武王欢卒……（八月）甲申，虚葬齐献武王于漳水之西，潜凿武安鼓山石窟佛寺之旁为穴，纳其柩而塞之。"

葬高欢的陵藏窟，一般认为是今北响堂山北洞。此窟为中心柱式的大窟，外崖雕作覆钵形的塔庙，内部高敞，窟壁整齐开出图案华丽的覆钵塔形龛。中心柱壁龛下有形象狰狞的怪兽承托和神王像。这处"雕刻骇动人鬼"的陵藏窟，在中心柱龛内保存的跏趺坐佛像，是魁伟丰圆的南传佛像样式，这类坐佛像另见于安阳小南海。两壁覆钵塔龛造型特异的宝相莲花纹饰及翘角起边的雕造手法，与扶南、爪哇现存的石刻塔龛相近，显然不是北魏原有的造像传统。这类形制的塔形窟为响堂山所特有，并流行于邺城地区。除作为北齐皇室陵藏的功能之外，在塔龛造像样式上似应考虑梁武帝广建阿育王塔和引入南海塔样的作用。

卢舍那法界人中像 北齐 石灰石质 高115cm 山东青州博物馆藏

左图 / 佛陀立像 北齐 贴金彩绘 石灰石质 高69cm 山东青州博物馆藏

右图 / 菩萨立像 北齐 贴金彩绘 石灰石质 山东青州博物馆藏

晋阳西山大佛和童子寺大佛的雕造，是北齐皇室的大事件。《北史》卷八《齐本纪》（下）："（齐后主）承武成之奢丽，以为帝王当然……凿晋阳西山为大佛像，一夜燃油万盆，光照宫内。"

晋阳西山大佛原为释迦牟尼坐像，童子寺为阿弥陀佛和二胁侍菩萨像，均是依山雕造的漏顶敞口的大像，据近年来的考古调查和研究发现，西山大佛始凿于北齐文宣帝天保末年（559 年），竣工于后主天统五年（569 年）。童子寺大佛约雕凿于天保七年至十年间（556—559 年）。这类"以兹山之顶为佛顶，以兹山之足为佛足"的大像，原非中原北方旧制，样式来源于南朝摄山、石城大像。对此，宿白先生已有详细论证。

南京摄山大像与浙江新昌石城大像，据江总《金陵摄山栖霞寺碑》和刘勰《梁建安王造剡山石城寺石像碑》，二

佛及菩萨头像 北齐 石灰石质 山东青州博物馆藏

左图 / 卢舍那佛立像 北齐 滨州市博兴县龙华寺遗址出土 山东省博兴县博物馆藏
右图 / 佛陀头像 北齐 滨州市博兴县龙华寺遗址出土 山东省博兴县博物馆藏

像建造于齐梁之际，与光宅寺佛像并为南朝迹，这三处像又都与梁朝高僧僧祐有关。按《高僧传·僧祐传》："祐为性巧思，能目准心计，及匠人依标，尺寸无爽。故光宅、摄山大像，剡县石佛等，并请祐经始，准画仪则。"

传中所述光宅寺大像，是梁天监八年（509年）铸就的丈九无量寿像，被誉为"自葱河以左，金像之最"（《续高僧传·法悦传》）。摄山大像即今南京栖霞山千佛崖三圣殿，由齐明僧绍开基，后经僧祐在天监十年（511年）重新装修营饰。剡县石佛即今浙江新昌宝相寺弥勒大佛，由梁武帝特命僧祐专任像事，完工于梁天监十五年（516年），是一尊坐高13米多的螺发跏趺坐佛像。光宅、摄山、石城三像中，摄山大像因造于南齐，样式风格与梁朝新样不尽相同。石城大像虽经后代重修，外形有些改变，但像体样式仍是旧时的基础，可作为梁武帝接受南传样式的遗存。其平面椭圆，露顶敞口的龛形是南朝特有的型制。显然，晋阳西山北齐大佛与石城大佛之间存在着一种传承关系。另有河

左图 / 佛陀立像 南朝梁 高137cm 四川成都万佛寺出土 四川博物院藏

右图 / 佛陀立像 北齐 河北曲阳修德寺出土 北京故宫博物院藏

南浚县大伾山大佛，也是北齐时期的作品，样式和做法与晋阳北齐大佛相同。可见依山造大佛的风气在北齐时期曾一度很流行，并开启了隋唐之际雕造大佛的先例。

另有观世音菩萨像和思惟菩萨像在东魏、北齐年间的大量雕造，出土数量最多的是1955年曲阳修德寺窖藏白石像。观世音菩萨像的信仰与供奉最先盛行于南方，并有南海交趾的造像传入，其流传过程笔者已有专文做过讨论，此不赘述。

邺中观世音像的雕造，相传是以定州高王观世音为图本。事因东魏天平年间（534—537年）定州孙敬德因盗窃罪被处以极刑，但由于他常供奉观世音像，临刑刀折得免，“臣相高欢表请免刑，仍旧传写被之于世”。因传写观世音像事系高欢，故称之作“高王观世音瑞像”。

单体的思惟菩萨像图样也得自南方，而后传入京洛间，北齐时迎至邺城。流传过程略如《续高僧传》卷二九《周鄜

弟子立像 北齐 邯郸市邺城遗址出土 河北省邺城市考古队藏

佛造像塔供养人 北齐 邯郸市临漳县北吴庄佛像埋葬坑出土 邯郸邺城考古博物馆藏

佛造像塔供养人 北齐 邯郸市临漳县北吴庄佛像埋葬坑出土 邯郸邺城考古博物馆藏

州大像寺释僧明传》载:"至如徐州吴寺太子思惟瑞像者……昔东晋沙门法显，历节西天……（吴苍鹰）即舍宅为寺，自至扬都广求经像……鹰求像未获，泝江西上，暂息林间，遇婆罗门僧持像而行，云往徐州与吴苍鹰供养……鹰将像还，至京，诏令模之……元魏孝文请入北台（洛阳），高齐后主遣使者常彪之迎还邺下，齐灭周废，为僧藏举。大隋开教，还重兴世，今在邺县大慈寺也。"

吴苍鹰造像一节颇具小说色彩，但其中记思惟菩萨瑞像的雕造传播也并非完全虚构。东魏、北齐年间的思惟菩萨像有大量发现，最集中的是曲阳修德寺出土的思惟像。青州龙兴寺出土的造像中也有风格相似的作品。曲阳修德寺原是北齐佛教一代领袖法上所创，为邺中名刹。法上则是北齐"制寺立净，纲统制样"的得力人物，被文宣帝钦点为大统法师。修德寺出土的思惟菩萨像，题材和风格皆具有代表性，而原样是在邺城，关于这一节，在讨论青州北齐造像样式时应给予足够的重视。

北齐全面接受南方文化，还不仅仅限于佛教艺术，在礼乐制度、文物典章乃至社会生活诸方面都留有印迹。近年

菩萨坐像 北齐 邯郸市临漳县北吴庄佛像埋葬坑出土 邯郸邺城考古博物馆藏

出土的北齐墓葬中这类实物不少,已经引起国内外专家学者的注意。杨泓《关于南北朝时期青州考古的思考》、日本龟井明德《南北朝贴花青瓷的研究》等相关论文，对此讨论较多，可为本文一证。

五、"张家样"与"曹家样"

讨论青州北齐造像的样式来源问题，还应注意到为百工所范的"张家样"和"曹家样"。

"张家样"，是指"善图塔庙，超越群工"的梁朝画家张僧繇创造的一种道释人物画样式，其特点按唐宋人的评述可获得以下印象：

蝉冠菩萨像 东魏 滨州市博兴县龙华寺遗址出土 山东省博物馆藏

其一："笔才一二，而像已应焉……象人之妙，张得其肉。"（张怀瓘《画断》）
其二："画天女宫女，面短而艳。"（米芾《画史》）

这是一种造型准确，用笔简洁，形象丰满圆润，设色浓丽的人物画新样。唐人张彦远称之为"疏体"，在顾恺之以来紧劲连绵的人物画风格之外别开生面。张僧繇活动于梁武帝时期，《南史・南海诸国传》在记述梁武帝向南海广求佛像塔样，崇饰佛寺之后，称"其图、诸经变并吴人张繇运手，繇丹青之工一时冠绝"，已透露出张僧繇按南海传入的图本绘饰寺塔壁画的消息。因此，"张家样"在形成过程中，是较多地吸收了南传的笈多风格，这一点还可以从他画一乘寺壁画中得到印证。《建康实录》记其事在梁武帝大同三年（537 年）："（一乘寺）寺门遍画凹凸花，代称张僧繇手迹。其花乃天竺遗法，朱及青绿所成，远望眼晕如凹凸，就视即平，世咸异之，乃名凹凸寺。"

一乘寺为邵陵王所建，张僧繇画凹凸花所用的天竺遗法，实际是用明快的颜色作晕染产生立体效果的画法。张僧繇吸收了这种技法，创造了"张家样"。唐宋人的有关评述很形象地勾勒出了"张家样"的面貌，四川所见梁朝纪年的造像可作为"张家样"来观察。

四川曾先后发现梁萧渊藻天监五年（506 年）造像，鄱阳王世子萧范中大通元年（529 年）和武陵王萧纪任益州刺史期间（537—554 年）的阿育王造像，这些来自建康的梁朝宗室，崇信佛教，有的随行还带有高僧，对蜀中佛教的兴盛曾起过决定性的作用，其中与张僧繇关系最直接的是武陵王萧纪。按《历代名画记》，僧繇天监年间曾为武陵王国侍郎，直秘阁，知画事，服膺于萧纪。萧纪出镇益州之后，张僧繇供职于宫廷，是梁武帝身边的画家，熟知梁武帝请来的各类印度佛像和西域画风。太清初年（547 年）张僧繇又奉旨到益州为萧纪画像（《南史・梁武帝诸子传》），二人仍有旧谊，而张僧繇的入蜀对传递建康佛画新样起到了最直接的作用。成都出土的杜僧逸造阿育王像和同类风格的佛像，主要是武陵王萧纪任益州刺史期间的作品。四川成都出土的佛像和菩萨像与青州有不少相似之处，也表明"张家样"对北齐造像曾起过作用。或者可以说，北传邺城的佛像新样中亦有在笈多样式基础上加以改造的"张家样"成分。

在北齐，以画至显并有"曹家样"之称誉的是曹仲达。"曹家样"，唐宋时常与"张家样""吴家样"并称。《历代名画记》卷八"曹仲达"条："曹仲达"本曹国人也，北齐最称工，能画梵像，官至朝散大夫，国朝宣律师撰《三宝感通录》，具载仲达画佛之妙，颇有灵感。"又"叙师资传授南北时代"条记："曹创佛事画，佛有曹

佛陀立佛 东魏 邯郸市临漳县北吴庄佛像埋葬坑出土 邯郸邺城考古博物馆藏

菩萨立像 北齐 邯郸市临漳县北吴庄佛像埋葬坑出土 邯郸邺城考古博物馆藏

家样，张家样，及吴家样。”宋郭若虚《图画见闻志》卷一“论曹吴体法”：“曹吴二体，学者所宗……曹之笔，其体稠叠而衣服紧窄，故后辈称之曰：吴带当风，曹衣出水……雕塑佛像亦本曹、吴。”张彦远只说曹仲达能画梵像，但未做具体说明，郭若虚的“曹衣出水”之评比较形象，即一种薄衣贴体、衣纹紧裹躯干的画法，与前述浮海而来的笈多式佛像相合。张彦远和郭若虚之评原据唐道宣的《集神州三宝感通录》，道宣云：“时有北齐画工曹仲达者，本曹国人，善于丹青，妙尽梵迹，传摩西瑞，京邑所推，故今寺壁正阳皆其真范。”（《集神州三宝感通录》卷中“隋释明宪五十菩萨像缘”）道宣是一位学问僧，所说自有根据。曹仲达画于京邑寺壁的佛画是西国瑞像，是指前文所提到的阿育王、阿弥陀、观世音等一类佛教瑞像。从现存于寺及出土的北齐造像来看，样式仍是以南海传入的笈多式佛像为主要特征，因此，“曹家样”应是较多地保留了南传佛像特征的一种样式。

“曹家样”与南传佛像的关系，消息揭自曹仲达的师承。《历代名画记》卷八引彦悰的《后画品》：“曹师于袁（昂），冰寒于水，外国佛像，亡竟于时。”又卷二“叙师资传授南北时代”条：“周昙研师于曹仲达。”又卷七《周昙研传》：“沙门彦悰云：（周昙研）师塞北勒，授曹仲达，比曹不足，方塞有余。”袁昂由南齐入梁，卒于大同六年（540 年），《梁书》有

弟子立像　北齐　邯郸市临漳县北吴庄佛像埋葬坑出土　邯郸邺城考古博物馆藏

传。周昙研是南齐画家，而且是曹仲达的直接传授者。就师承关系而言，“曹家样”无疑也与南朝有着关联。曹仲达原本是中亚曹国人，属昭武九姓之一。向达先生认为，曹仲达系北齐琵琶名手曹妙达一族。曹妙达事见《通典》卷一六四：“有曹婆罗门，受龟兹琵琶于商人，代传其业，至于孙妙达，尤为北齐文宣所重，常自击胡鼓和之。”另外曹妙达的姐妹也因善弹琵琶入宫，齐后主高纬立为昭仪，曹氏父子因此而被封为日南王。《北史·后妃传》：“乐人曹僧奴进二女，大者忤旨，剥面皮；少者弹琵琶，为昭仪。以僧奴为日南王，僧奴死后，又贵其兄弟妙达二人，同日皆为郡王。”

日南（今越南）远在南海徼外，东晋南朝时为交州辖地，北朝从未领有该地。北齐后主封曹僧奴为日南王，最合适的解释之一，是因其祖先居住地在日南而王其地。按《通典》的记载，曹氏一族多半是因经商移居日南，到曹妙达父子时已历数代。曹仲达与曹妙达同出一族，也应是早已华化的曹国人。他在南朝的建康学成绘画，而后转入北齐，供职于宫廷。由此可见，所谓“曹衣出水”的“曹家样”，其实也是以南海舶来的佛画样式为准的。综上所述，似可得出以下结论：

第一，影响南梁和北齐的“张家样”和“曹家样”，都是以接受笈多式艺术为前提，在南齐和萧梁佞佛的环境中创立的佛画新样。“张家样”是以南朝艺术传统为基点，较多地融入了印度笈多艺术的造型因素；“曹家样”则以笈多样式为主体，而在南朝文化的氛围中加以融会变通的。

第二，北齐全面接受南传佛像新样，由帝王首开风气，邺城是新样的先行地区。北齐帝王推行佛像新样与北齐立国摒弃北魏遗法、颁行新政的政治举措相关。因此，这新一轮的佛像传入似不能简单地归结为反对北魏孝文帝以来的汉化政策。

第三，青州地区的北齐造像在样式上的骤然转变，主要是追随邺城风尚的结果。又因其地理位置与南朝相接，民间在经济和文化方面的相互交往，又融入了某些南朝的因素。由于邺城和南朝两方面的双向作用，形成了具有地域色彩的造像风格。对青州北齐造像而言，主体特征是邺城样式，其间又杂有南朝的造型因素。

作者系中央美术学院教授

背屏式佛三尊造像 东魏—北齐 贴金彩绘 石灰石质 高112cm 山东青州博物馆藏 / 右图为局部

螺髻梵王立像　北齐　滨州市博兴县龙华寺遗址出土　山东省博兴县博物馆藏／右图为局部

《李道赞率邑义五百余人造像碑》雕刻构造精美，形制巨大，历来被视为造像碑之冠。

此碑原藏于河南淇县的浮山封崇寺内，根据造像碑下部的造像记，此碑的刊刻从北魏永熙二年（533年）起，至东魏武定元年（543年）止。十年之工，其雕刻之精，令人叹为观止。而这十年，正是北魏王朝分裂以后，新的政治和文化中心在邺城重新形成之际。

造像碑的形制为扁平长方形，蟠螭纹碑额，四面满覆造像；表现手法上以浅浮雕为主，而非传统的平雕和线刻；碑正面的主体部分为"问疾品"，其余三面为千佛题材。

《李道赞率邑义五百余人造像碑》全碑内容可分：上螭首，下碑座，中造像。正面碑额刻佛像一旁四尊，上层雕刻二狮对舞及其他人物。中层园林屋宇，下刻小佛像二列二十躯，最下层刻高23厘米、宽19厘米的造像记近九百言。碑趺长方形，四面刻各类人物。碑阴额刻佛像，下刻竖27排、横16个的小佛龛共432个，每一佛龛旁刻题名一人，总共就有432人。

上部螭首由双龙环绕着释迦牟尼的半身像，高98厘米。现螭首已毁，螭首的佛龛下有一华盖高30厘米。华盖下有两位供养人手捧莲花面对香炉而跪，供养人右榜题"禅师慧训供养佛时"，左榜题"邑师慧刚供养佛时"，香炉由二力士托扛，旁有护法狮两只。供养人两侧有两骷髅仙手舞足蹈，其外侧立两手持法器的护法。

中层刊刻此碑的主题，为《维摩诘经·问疾品·观众生品》中，文殊菩萨与维摩诘辩论之场面。造像主要表达空观、中道、实相及不二法门的思想，对小乘出世苦行主义有所批评，认为修道成佛不一定落发出家，只要证得佛教义理，居士也能超凡脱俗，就算在享受优越的世俗生活中，也能达到涅槃解脱的境界。

僧肇对该经注释，其根本精神在有为法和无为法的"不二法门"。此维摩诘与文殊辩论图表现他二人展开问答的场面，维摩诘通过与文殊辩论"空"的哲学来引领众人领悟不二法门。

造像图案的正中是菩提双树，菩提树顶左上方是灵芝，左右各有两个飞天；右上方则是桂树、琼楼玉宇、吴刚、玉兔、寒蟾。菩提树下有两人对坐：左为文殊，端坐于圆顶帐形龛内的莲座上，面相年轻，身着天衣，头戴宝冠，佩璎珞，单手举于胸前，作演说状，手持如意；右为维摩诘，示老人相，半跏于方顶帐形内，一条腿支起作悠闲状，留长须，脸有皱纹，手持麈尾。麈尾被看作有知识和教养的象征，显然这里的维摩诘被塑造成当时士大夫的形象。

此碑的"问疾品"或许是存世所有维摩诘经变石刻中，场面最为华丽、刻画最为生动的一幅。文殊菩萨的郑重其事，和维摩诘的悠然自得，两者相映成趣。满座的僧、俗听众，表情各异，有的在静听，有的在凝思，有的交头接耳。有研究者认为，这幅问疾品可能描摹自一幅绘制精细的绘画作品，其风格显然受到南朝绘风的影响。

下方碑座四面各刊刻一幅图像，从北魏到初唐，在中国曾流行神王造像，一般是兽头人身，也有人形类似天王装束的神王，一般位于造像的最底层。此碑底座四面也有八神王（每面二神王），碑座四面刻山神王、树神王、风神王、珠神王等共八位神王。神王的题材取自《佛说智慧海藏经卷》，神王在佛教中起着护法的作用，它们与天王的区别是，天王守护四方，而神王守护本领域，如海神王守护大海，风神王则是风的统帅。神王鲜见于一般的造像碑，可见该碑的造像者力图在一块石碑上体现天上、人间和出世、入世的完整内容。

造像碑之冠

李道赞率邑义五百余人造像碑

北魏永熙二年（533年）至东魏武定元年（543年）八月

碑阳182cm×105cm 碑阴220cm×106cm

美国大都会艺术博物馆藏

李道赞率邑义五百余人造像碑 / 局部

李道赞率邑义五百余人造像碑（局部

如何欣赏一尊佛造像

文／熊秉明

佛陀立像 北周 高168cm 山西博物院藏

一、初识佛造像

笔者记得20世纪50年代初，去拜访当时已有名气的雕刻家艾坚·玛尔丹（Etienne Martin）。他一见我，知道我是中国人，便高呼道："啊，《老子》!《老子》是我放在枕边的书。那是人类智慧的精粹!"我很吃一惊，一时无以对。后来我更多次听到西方人对老子的赞美。辛亥革命以来，"五四"以来，年轻的中国人有几个读过《老子》？更有几个能欣赏并肯定老子？而在西方文化环境中，这五千言的小书散发着巨大的光芒。我于是重读《老子》，觉得有了新的领悟。1964年在意大利都灵召开的汉学会上，我宣读了一篇《论老子》的报告，从艺术创作的角度谈"无为"。

对佛教雕刻也一样，在中国关心佛教雕刻的年轻人大概极少。我初到欧洲，看见古董商店橱窗里摆着佛像或截断的佛头，不但不想走近去看，并且很生反感，觉得那是中国恶劣奸商和西方冒险家串通盗运来的古物，为了满足西方一些富豪的好奇心和占有欲，至于这些锈铜残石的真正价值实在很值得怀疑。这观念要到1949年才突然改变。这一年的1月31日我和同学随巴黎大学美学教授巴叶先生（Bayer）去访问雕刻家纪蒙（Gimond）。我到了纪蒙工作室，才知道他不但是雕刻家，而且是一个大鉴赏家和狂热的收藏家。玻璃橱里、木架上陈列着大大小小的埃及、希腊、巴比伦、中世纪欧洲等地的石雕头像，也有北魏、隋唐的佛头。那是我不能忘却的一次访问，因为我受到了猛烈的一记棒喝。把这些古代神像从寺庙里、石窟里窃取出来，必是一种亵渎；又把不同宗教的诸神陈列在一起，大概又是一种亵渎，但是我们把它们放入艺术的殿堂，放在马尔荷所谓"想象的美术馆"中，我们以另一种眼光去凝视、去歌颂，我们得到另一种大觉大悟，我们懂得了什么是雕刻，什么是雕刻的极峰。

左图 / 佛陀立像 北周 西安碑林博物馆藏

右图 / 菩萨立像 北齐—隋 河北定州博物馆藏

在纪蒙的工作室里，我第一次用艺术的眼光接触中国佛像，第一次在那些巨制中辨认出精湛的技艺和高度的精神性。纪蒙所选藏的雕像无不是上乘的，无不庄严、凝定，又生意盎然。在那些神像的行列中，中国佛像弥散着另一种意趣的安详与智慧。我深信那些古代工匠也是民间的哲人。我为自己过去的雕刻盲而羞愧。我当然知道这雕刻盲的来源。我背得出青年时代所读过的鲁迅的话："我们目下的当务之急是：一要生存，二要温饱，三要发展。苟有阻碍这前途者，无论是古是今，是人是鬼，是三坟五典，百宋千元，天球河图，金人玉佛，祖传丸散，秘制膏丹，全都踏倒他。"（《华盖集·忽然想到之六》）

在这思想的影响下，我们确曾嘲笑过所谓"国粹"，为了民族生存，我们确曾决心踏倒一切金人玉佛，但是我不再这样想了。我变成保守顽固的国粹派了吗？不，我以为我走在此之前一步了，我跨过了"当务之急"，而关心较长远的事物。

佛陀立像　北齐　贴金彩绘　石灰石质　山东青州博物馆藏

右页右图 / 佛陀立像　北齐　贴金彩绘　石灰石质　高108cm　山东青州博物馆藏

右页左图 / 阿育王像　南朝（6世纪中叶）高177cm　四川省成都市万佛寺出土　四川博物院藏

左图 / 交脚菩萨　北魏　高146.1cm　大同云冈石窟第16-1窟　美国大都会艺术博物馆藏

后来我读到瑞典汉学家喜龙仁（Siren）的《五世纪至十四世纪的中国雕刻》（1926 年出版），我于是更明白西方人在佛像中看见了什么。那是我们所未见的或不愿见的。他在这本书里写道："那些佛像有时表现坚定自信；有时表现安详幸福；有时流露愉悦；有时在眸间唇角带着微笑；有时好像浸在不可测度的沉思中，无论外部的表情如何，人们都可以看出静穆与内在的和谐。"

而最有意味最值得我们注意的是他把米开朗琪罗的雕刻和中国佛像做比较的一段。他写道："拿米开朗琪罗的作品和某些中国佛像、罗汉像

做比较，例如试把龙门大佛放在摩西的旁边，一边是变化复杂的坐姿，突起的肌肉，强调动态和奋力的戏剧性的衣褶；一边是全然的休憩，纯粹的正向，两腿交叉，两臂贴身下垂。这是'自我观照'的姿态，没有任何离心力地运动。衣纹恬静的节奏，和划过宽阔的前胸的长长的弧线，更增强了整体平静的和谐。请注意，外衣虽然蔽及全身，但体魄的伟岸，四肢的形象，仍然能够充分地表现出来。严格地说，衣服本身并无意义，其作用乃在透露内在的心态和人物的身份。发顶有髻；两耳按传统格式有长垂；面形方阔，散射着慈祥而平和的光辉，几乎没有个性，也不显示任何用力、任何欲求，这面容所流露的某一种情绪融注于整体的大和谐中。任何人看到这雕像，即使不知道它代表什么，也会懂得它具有宗教内容。主题的内在含蕴显示在艺术家的作品中。它代表先知？还是神？这并不关紧要。这是一件完美的艺术品，一种精神性的追求在鼓动着，并且感染给观者。这样的作品使我们意识到文艺复兴的雕

刻虽然把个性的刻画推得那么远，其实那只不过是生命渊泽之上一些浮面的漪澜。”

显然，在喜氏这样一个西方鉴赏家的眼睛里，佛雕是比米开朗琪罗的《摩西》更高一层次的作品。这是怪异的，却又是可理解的现象。他所轻视的躯体的威猛正是我们所歌赞的；而他所倾倒的内在的恬静恰是我们所鄙弃的。他看佛像一如我们看《摩西》，我们同样渴求另一个文化的特点来补足自己的缺陷。在这里，并没有谁对谁错的问题。我们这一代中国人倾慕米开朗琪罗和罗丹，由于我们的时代处境需要一种在生存竞争中鼓舞战斗精神的阳刚的艺术。我们要像《摩西》那样充满活力，扭动身躯站起来，要像《行走的人》那样大阔步迈向前去，我们再不能忍受趺坐低眉的典雅与微笑。喜氏相反，从中世纪耶稣被钉在十字架上的惨烈的形象起，甚至更早，从希腊神殿上雕着的战斗的场面起，西方人已描绘了太多的世间的血污与泪水，恐惧与残暴，一旦看到佛的恬静庄严，圆融自在，仿佛在沙漠上遇到绿洲，饮到了甘泉。

我在这两种似乎对立的美学影响下开始学雕刻，那是 1949 年的下半年。

二、雕刻的本质

我决定进入纪蒙工作室。我完全折服于他对古今雕刻评鉴的眼力，我想，在这样锐利、严格、高明的眼光下受锻炼是幸运的。

纪蒙指导学生观察模特儿的方法和一般学院派很不一样，从出发点便有了分歧。他从不要学生模仿肌肉、骨骼，他绝不谈解剖。他教学生把模特儿看作一个造型结构，一个有节奏，有均衡，组织精密，受光与影，占三度空间的造型体。这是纯粹雕刻家的要求。按这原则做去，做写实的风格也好，做理想主义的风格也好，做非洲黑人面具也好，做阿波罗也好，做佛陀也好，都可以完成坚实卓立的作品。所以他的教授法极其严格，计较于毫厘，却又有很大的包容性。他对罗丹极为推崇，而他的风格和罗丹的迥然不同，罗丹的作品表面上留着泥团指痕；他的则打磨得光洁平滑。他说看罗丹的作品，不要错认为那是即兴的捏塑，我们必须看到面与面的结构和深层的间架，这是雕刻的本质，雕刻因此成为雕刻，在佛像中，他也同样以这标准来品评。有的佛像只是因袭陈规茫然制作，对于空间，对于实体，对于光影，对于质地毫无感觉，在他看来根本算不得雕刻。

当然罗丹的《雨果》《巴尔扎克》和佛像反映两个大不相同的精神世界。罗丹的人像记录了尘世生活的历史，历尽苦辛的痕迹；佛像相反，表现涤荡人间种种烦恼后，彻悟的澄然寂然，但是从凿打捏塑创造的角度看，它们属于同一品类，凭借同一种表达语言，同样达到表现的极致。

我逐渐明白，我虽然不学塑佛像，但是佛像为我启示了雕刻的最高境界，同时启示了制作技艺的基本法则。我走着不同的道路，但是最后必须把形体锤炼到佛像所具有的精粹、高明、凝聚、坚实。

弟子立像 北齐 滨州市博兴县龙华寺遗址出土 山东省博兴县博物馆藏

谭副造释迦牟尼像　北魏　邯郸市临漳县北吴庄佛像埋葬坑出土　邯郸邺城考古博物馆藏

彩绘四佛塔　北齐　石灰岩　美国大都会艺术博物馆藏

在创作上要达到那境地，当然极不容易；而在欣赏上，要学会品鉴一尊佛像，也非容易的。

三、佛造像欣赏应排除的三种成见

要欣赏佛像，有好几种困难。这些困难来自一些很普遍的成见，如果不能排除，则仍属于雕刻盲。

第一步要排除宗教成见，无论是宗教信徒的成见，还是敌视宗教者的成见。对于一个笃信的佛教徒而言，他千里朝香，迈进佛堂，在香烟缭绕中感激匍匐，我们很难想象他可以从虔诚礼拜的情绪中抽身出来，欣赏佛像的艺术价值。他很难把供奉的对象转化为评鉴的对象。对于个反宗教者来说，宗教是迷惑人民的“鸦片”，佛像相当于烟枪筒上银质的雕花，并不值得

左图 / 菩萨像 隋 1987年西安市唐礼泉寺出土 西安博物院藏
右图 / 佛陀立像 北魏 洛阳巩县石窟

一顾的。同样地，一个反宗教者当然也很难把蔑视，甚至敌视的对象转化为欣赏的对象。所以要欣赏佛像我们必须忘掉与宗教牵连的许多偏见与联想，也就是我们前面说过的，要把佛像从宗教的庙堂里窃取出来，放入艺术的庙堂里去。

第二步是要排除写实主义的艺术成见。一二百年前西方油画刚传到中国，中国人看不惯光影的效果，看见肖像画的人物半个脸黑，半个脸白，觉得怪诞，认为丑陋。后来矫枉过正，又把传统中国肖像看为平扁，指斥为不合科学，并且基于粗浅的进化论，认为凡非写实的制作都是未成熟的低阶段的产物。到了西方现代艺术思潮传来，狭隘的写实主义观念才又被打破，中国古代绘画所创造的意境重新被肯定。京剧也同样，一度被视为封建落后的艺术形式，西方现代戏剧出现，作为象征艺术的京剧价值重新被认识。佛像的遭遇还不如京剧！因为我们有一个欣赏京剧的传统，却并没有一个欣赏佛像的传统。我们竟然没有一套词汇来描述、来评价雕塑。关于讨论绘画的艺术价值，我们有大量的画论、画品、画谱，议论“气韵”“意境”“风神”“氤氲”……对于雕刻，评者似乎只有“栩栩如生”“活泼生动”“呼之欲出”“有血有肉”一类的描写，显然这是以像不像真人的写实观点去衡量佛像，与佛像的真精神、真价值全不相干，我们必须承认北魏的雕像带石质感，有一定的稚拙意味。如果用“栩栩如生”来描写，那么对罗丹的作品该如何描述呢？如果用“有血有肉”来描写，那么对17世纪意大利雕刻家贝尼尼的人体雕塑该如何描述呢？

第三步，我们虽然在前面排斥宗教成见，却不能忘记这究竟是一尊佛。“佛”是它的内容，这是最广义的神的观念的具体化，所以我们还得回到宗教和形而上学去。如果我们不能了解“佛”的观念在人类心理上的意义，不能领会超越生死烦恼的一种终极的追求，那么我们仍然无法欣赏佛像。如果“生动”是指肌肤的模仿，情感的表露，那么，佛像不但不求生动，而且还要远离这些。佛像要在人的形象中扫除其人间性，而表现不生不灭、圆满自足的佛性。这是主体的自我肯定，自我肯定的纯粹形式。无论外界如何变幻无常，此主体坚定如真金，“道通百劫而弥固”。要在佛像里寻找肉的战栗、情的激动，那就像要在18世纪法国宫廷画家布歇（Boucher）的肉色鲜丽的浴女画里读出佛法或者基督教义来，真所谓缘木求鱼。

四、佛像的造型秩序

佛像的内容既然是佛性，要表现这个内容定然不是写实手法所能承担的。找一个真实的人物来做模特儿，忠实地模仿，至多可以塑出一个罗汉。佛性含摄人间性之上的大秩序，只有通过一个大的造型秩序才能体现，所以要欣赏佛像必须懂得什么是造型秩序。

寻找规律与秩序，是人类生存的基本活动。从婴儿到成人，我们一点一点认识客观世界的规律，以及主观世界的规律，学会服从规律，进而掌握规律，进而创定新秩序。因为所提的问题不同，回答的方式不同，于是有科学、艺术、哲学、宗教的分野。凡佛经所讲的五蕴、三界、四谛、十二因缘、八识、圆融三谛，等等种种，都不外是对内外宇宙所说的有秩序的构成，对此构成有贯通无碍的了识便成悟道。

佛像艺术乃是用一个具体形象托出此井然明朗的精神世界，以一个微妙的造型世界之美印证一个正觉哲思世界之真；在我们以视觉观赏此造型秩序的时候，我们的知性也似乎昭然认知到此哲思秩序的广大周遍；我们的视能与知性同时得到满足。一如灵山法会上的拈花一笑，造型秩序的一瞥，足以涤除一切语言思辨，直探形而上的究竟奥义。

这里的造型是抽象的造型，非写实的。

佛的形象虽然从人的形象转化而来，但人的面貌经过锤铸，升华，观念化，变成知性的秩序，眉额已不似眉额，鼻准已不似鼻准……眉额趋向抛物线的轨迹，鼻准趋近立方体的整净……每一个面的回转都有饱满的表面张力，每一条线的游走顿挫都含几何比例的节奏……其整体形成一座巍然完美和谐的营造，打动我们的心灵。

抽象造型能有如此巨大的效能吗？有人会怀疑，那么走到佛坛之前，先驻足在大雄宝殿的适当距离下吧，仰视一番大殿的气象。建筑物并不模仿任何自然物，它只是一个几何结构的立体，然而它的线与面在三度空间中幻化出庄严与肃穆；它是抽象的，然而这些线与面组构成一个符号，蕴涵一种意义，包含一个天地，给我们以惊喜、震慑、慰抚，引我们俯仰徘徊。懂得了这一点，然后可以步入殿内，领略含咀佛像所传达的消息。

五、回归的发现

中国两千年来，因文人艺术观的影响，雕塑被视为劳力的工匠技艺，被排斥于欣赏对象之外。西方艺术史家为我们提醒了佛教雕刻的价值之后，我们又把它归入封建意识的产物，仍然未能深入地去研究、去发掘、去欣赏。

今天“比较文化”被提到日程上来。过去把文化问题一概放到历史进程的框架中去观察解说，认为中国文化是封建的、中古的、该被淘汰的。经过长期片面的自我否定后，发现问题并不那么单纯，终于开始容纳不同的理论，逐渐能够从不同的角度观察中西，并认识到中国文化有其不可替代的特色，把过去带着强烈偏见加以抹杀的传统重新进行估价。

西方人如喜龙仁等，在21世纪初看到佛像的时候，仿佛看到一片新天地，跳跃欢喜。我们今天带着新的眼光回头来看佛像，应会有比喜氏更复杂的心情。那是对自己古传统的新的正视、新的认同、新的反思，而有久别回归的激动吧。

作者系法籍华人艺术家、哲学家

美到高处

文／阳新

佛陀立像 北齐 日本东京根津美术馆藏

我们知道的远远要比我们能表达出来的多。

你在面对一尊造像时也会产生这种微妙的心理感受，但若是认真去抓，去拿捏住，并把这种感受准确传达出来，一定是很难的。为什么说道可道，非常道，名可名，非常名，主要是因为人的情感神经太丰富，而表达能力远远跟不上，越是抽象的内容就愈加不可言说，说出来也很容易词不达意。

尽管如此，我还是决定要写一篇关于中国雕塑审美方面的文字，希望能表达万一。

一、形与意

不同的文化背景下催生了不同的艺术形式。

有人认为中国古典绘画与雕塑是存在高度写实的，并拿去和西方古典雕塑相提并论，然后拿出兵马俑作为例子，所谓五官眉眼非常细腻，盘发的细节多么逼真之类，其实这是很粗浅的认知，古希腊罗马的雕塑作为古典写实的丰碑，是不可企及的，只要稍微观察就会发现他们对于细节的严谨与较真的程度，完全不是兵马俑所能达到的写实高度。另外，体会中国雕塑的美感也不应只是从这些具象的角度出发，中国雕塑有其特殊的闪光点。

中国雕塑是写“意”的，理解这一点很重要。

中国人长期以来以《周易》《老子》《庄子》为基础所建立的宇宙观，体现出平和、清静、天人合一、道法自然等特质，在西方人眼里带有神秘莫测的东方色彩，这其实就是中国雕塑的内核了。追求极致的宇宙法则与叩问生命本身的意

力士 北齐 邯郸响堂山石窟

披帛紧致的线条极具笔意，充满韵律感。

左图 / 立足于真实的形体
右图 / 主观概括后的形体

义，在这样的一个文化气场里很容易让人的内心归于看山是山、见水是水式的返璞归真，特别是在佛造像雕塑上，完全彻底地流露出雕刻者身上这种具有哲学命题的简与纯。

佛造像艺术的高度在于其处理手法的主观性，即不按照自然规律，不完全遵循自然法则，而是出于对形体美感的本能直觉去塑造，却控制在一个平衡点上，既不过度夸张也不刻板照搬，这种主观性的背后因素是与中国绘画理念有直接关系的，是一脉相承的。

写意化的处理手法并非只存在于绘画里，在雕塑上也一样彻底地被贯彻了，包括秦代的兵马俑，粗看好像是高度写实，盔甲的细节，甚至鞋底的纹理都表现得面面俱到，事实上还是有一定程度上的夸张概括与主观处理，论写实，跟同时期的西方雕塑不在一个层面。通俗点来说，中国雕塑与西方雕塑就等于是国画和油画的区别，艺术的终极意义虽殊途同归，但形式迥异，法度与准则也完全不一样。

佛像雕刻师傅在雕刻时是经常需要在石头上画稿的，这样对于雕刻的线条、造型的处理，都会更加精确，也能直观地看到雕刻将呈现的美感，所以我们看到中国雕塑最后雕刻出来都很有画意。工匠的美术传承以及他所受时代的熏陶最

雕塑线条

通过雕塑还原出来的绘画线条可知，雕塑是立体的绘画。这在佛像雕塑上体现得最为彻底。

终都体现在一刀一凿里，例如衣纹的转折、唇线的走势、眉线的弧度甚至是直接用刻刀刻出来的阴线，完全不顾是否与五官立体化的处理风格相符。恣意、率性，每一个细节都不会受制于实际生活，很多地方都脱离了自然规律，比如扭腰菩萨的动态，那种身体扭动的曲线在生活中是完全做不出来的；比如“褒衣博带”的飘动感，手指的线条感等等都忽略了事物本身的自然结构。所以，这样的雕塑，你总觉得是画里抠出来的，如果把它们还原成平面，就是一幅画了。

二、营造与法度

佛造像作为外来的题材，是古希腊文化与东方文化互相融合的结果，最初以古希腊、罗马式的装饰手法表现中亚和印度次大陆地区的题材，但是佛教艺术几乎在开始深入中国之后就发生了变化。梳理历史可以看到，似乎任何艺术形式传到中国就会被同化、被融解、被改造。那时候中国的工匠们已经完全具备改造印度和中亚造像艺术的能力，比如龙门石窟，相比云冈石窟而言就带着更多的汉地神韵了，与犍陀罗风格完全不同，汉化得很彻底，佛的站姿发髻的形式，身上的诸多细节等都与古印度造像区别甚大。这从一个侧面充分反映了中国人的吸纳能力与创新水准，虽然佛造像的源头是古印度甚至是古希腊，但中国式的佛造像不仅完全脱离了西方的雕

塑观念，而且发展出了自己的特色，包括自己对形体的处理方式。

回顾一下西方雕塑史，主要有古希腊雕刻、古罗马雕刻、中世纪雕刻、文艺复兴时期雕刻，有古典主义、浪漫主义、现实主义、象征主义等等，依循了自然、理性而建立起的美学法则让西方雕塑大师辈出，取得的辉煌成就与其奠定的地位也是不可撼动的。本质上来讲，西方雕塑注重写实，注重理性分析，他们对雕塑的写实精神和技巧达到了让人惊叹的地步，雕塑的每一个细节都堪称完美，从人体结构和人体力学各个层面来看都是无懈可击的。为了完美掌握人体动态，解剖尸体是他们的家常便饭，这对于中国工匠来讲简直是匪夷所思。文化背景的差异这个大前提决定了中国传统绘画与雕塑是不存在高度写实的，反而是处处写意。工笔是写实吗？宋画里那些鸟应该可称为中国具象描绘的极致了，可那与真正的写实还差得很远，对比一下西方写实油画里的鸟就一目了然了。宋画其实是一种提炼化的细致，虽纤毫毕现，但都是经过概括化的，且完全是平面性的，追求神似。但是正因为传统文化的这一个特质，中国佛造像横空出世，在雕塑史上取得了重要地位。

中国雕塑注重营造意境，雕塑本身与石窟寺庙里的格局布景是一个连带的关系，这里面包含佛教的教义、典故，以及其中所衍生出来的法度，比如我们看到石窟顶部的莲花与飞天，动势一定是与窟内的主尊以及胁侍相呼应，包括壁画以及拱门等等，并不是孤立的存在。除去这些宏观的因素外，从每一件具体的雕塑的细节来讲，同样流露出中国艺术特有的意韵，这正是与绘画艺术互通的结果。绘画中所有的线条结构都是经过主观意向化处理的，以符合中国传统的审美观，花卉的线描，山石的结构，水、云的流动感，处理方式无一不是心中意向为主，外像为辅。这一点在雕塑上也一样，规则是相通的。所有的雕塑，我们几乎都可以在绘画里找到源头，简直就是从画里搬出来一样，简和繁的安排，疏与密的处理，线条的抑扬顿挫等等，无一不是遵循中国画里的法则。

我们看到飞天的造型，线条感和比例的处理，然后再对比一下壁画，两者在塑造方式上几乎未有改变过，还有佛手的造型，手指的曲张，每一个指节的线条都跟毛笔画出来的一样。另外对于佛像衣纹的处理，每一个褶皱的安排都是经由主观改造过的，那些饱含宏大智慧的佛造像正是通过这些独特的表现方式而最终达到了形神合一的超然地步。什么叫作以刀代笔呢？我想，这不仅仅是形容古人刀功的熟练程度，更重要的是指中国雕塑包含的笔意，充满中国精神的东方韵味，只不过工具是用刀而已。对于雕塑史来说，这完全是一种突破性的手法和表现形式。

对于这种独有的艺术手法，以佛手为例可窥一斑而见全貌。

佛手的意义可与佛头像并重，其相当于佛教的手语，手势的变化与繁复的组合表达诸多不同的意义，经过历朝历代的演变慢慢形成了一种佛教文化的标志性符号，统称为手印。手印常见有无畏印、与愿印、禅定印、说法印、伏魔印等等。手的形体感是与时代审美有关联的，不同朝代佛手的风格会有所变化，比如北魏中晚期的佛手较扁、拙，北齐至隋时的佛手非常圆润，唐时期的佛手饱满而具有张力。撇开朝代审美，单从雕塑的角度归纳起来有一些共性，可总结为三点。

（一）不完全按自然规律地主观塑造

由于中国古人没有科学地了解人体结构，所以在造像上不可能达到西方雕塑的写实程度。可以看到佛手的所有结构都经过提炼了，比如手指的弯曲与舒张，手背的弧形线条，没有明显的指关节突起，没有血管，没有明显的肌肉（力士手则是夸张地表现出肌肉的凸起。为体现出力士的力量感与气势，雕刻者特意把很多肌肉都夸大了，但仔细分析，我们就会看到力士的肌肉与现实中的肌肉结构完全不是一个概念，都是经过提炼的艺术表现），这些改造都违背了生理结构。

这是主观的舍弃，可以想象如果佛手上血管隆起、胫骨俱全，这对于佛像的表法与传达教义都是多余的障碍，而一旦舍去一些无意义的细节，剩下的极简造型乃是最纯粹的精神传达，也是与佛教精义相契合的。

（二）充满着绘画性

我们从相对应的壁画中可以看到那种同样的个性化的风格表达，雕塑的线条感轻松而舒畅，采用弧线构造，节奏感十分强烈，充满韵律。

（三）空灵的意境

因宗教属性，佛造像承载着教化的功能，同时加上中国特有的文化情境，所以它呈现出一种属于东方的空灵美感，整个动势都显得放松而宁静，可以感受到气息在里面流通，甚至体会到它与世界的呼吸融合，这也契合佛教所提出的众生皆具如来智慧德相。

看古希腊、古罗马时代中那些完美的手部刻画，你能感受到血液在里面流动，甚至觉得那是有温度的生命体，而当你静观中国的佛手时，内心会产生一种圆满的心境以及超脱与安宁感，一种法喜之情。从这个角度来看，中国佛手的形式与内容已经达到了最完美的结合。

喜龙仁先生在《5 至 14 世纪中国雕塑》一书里有一段关于中国雕塑与西方雕塑的对比描述非常精彩，他拿大佛与米开朗琪罗的雕塑去进行比较，截取一段，原文为：“A work like this makes us realize that all the individual differentiations which

上左图 / 响堂山石窟菩萨手

这是一只来自响堂山石窟的菩萨手，持桃形法器，也是很常见的手势，中指与无名指从法器的孔洞中穿过，食指、小指与拇指轻捏法器。但这不是标准制式，也有无名指与小指穿过孔洞的造型，其整体的姿态是属同一类型的。可以看到这个手背被特意地夸大了，没有血管，没有胫骨，只是圆润丰满的肌体，手指小巧的曲线塑造出富有弹性的结构，这是很纯粹的一种精神表达。

上右图 / 龙门石窟唐代力士

此尊为龙门石窟唐代力士，雄健的肌肉感是经过提炼归纳出来的，为显示出力道与霸气，肌肉被做了夸张处理，与生活中真人的肌肉结构完全不同。

下图 / 羊头山石窟北魏力士

此尊为羊头山石窟的北魏力士，这种身形与肌肉给人的感觉与唐代不同，写实性不及唐代，但筋骨嶙峋，带有仙气，与唐代的刚猛又有一别，大风起兮，激荡四方。

响堂山的佛弟子手

这种捧函的手在造像里也是非常多见的，手势轻柔温柔而带有庄严的仪式感，气质沉静、深邃。

右页左、右图

可以看到中国雕塑对于形体的理解与概括性。把骨节圆滑化处理，不再是有棱角的结构，而是呈现出圆满、丰润的造型，很多皮肉的褶皱也舍去了，只保留对于形体转折所需要的褶皱，而且整体的疏密与张弛都始终与绘画的审美法则保持着一致性。这是看起来容易做起来非常难的工作，对于用笔而言，可能就是从上到下一挥而就，而刻刀是在坚硬的石头上塑造，要下一刀就不仅仅是考虑一个视角了，而要全方位的盘衡与观察，笔有笔的规则，刀有刀的法度，最终塑造出来的形体一定是全方位的视觉美感，处在空间里似乎能感觉到它与周围的空气相融合，气韵在里面流通。

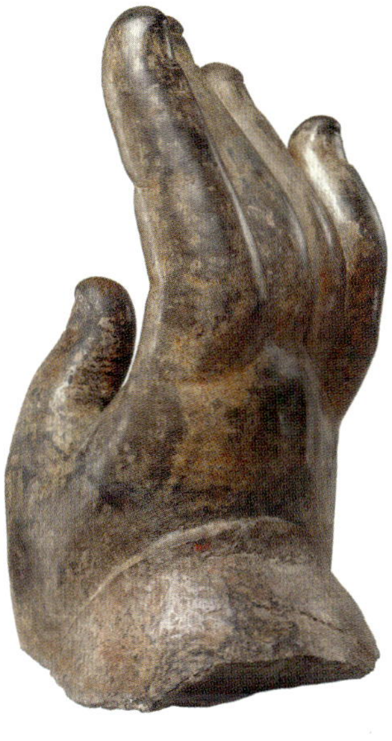

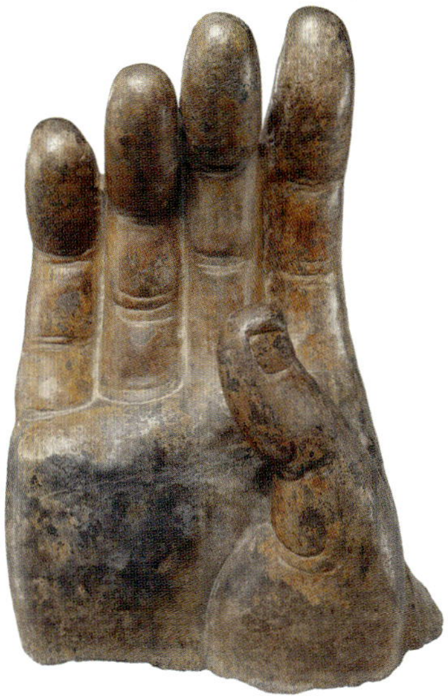

are so far pressed in the sculptures of Renaissance are only ripples on the surface of the great wagers which from the fountain of life."

翻译过来的意思是这样："这样的作品使我们意识到，文艺复兴的雕刻迄今为止所强调的所有个体差异，只不过是生命之泉伟大水面上的涟漪。"

但是这句话后面还有一段，并不是被很多人所注意，原文为："One may call such a figure abstract or highly conventionalized from an artistic point of view." 翻译为："从艺术的角度来看，人们可以称这样的雕塑为抽象的或高度传统的。"

喜龙仁先生对中国佛造像或许有所偏爱，却道出了一个特点，即中国佛造像已经超越了传统造型语言所追求的简单视觉观感，升华到了形而上的层面。

三、历史的临场感

中国佛造像有中国人对美的认知以及对独特艺术法则的实践，正是因为这样，所以中国雕塑都有其朝代的审美印记，并附有每个朝代的精气神。

反观之，从雕塑去理解绘画包括时代风貌、人文气息都能一窥端倪。

唐代的强健雄浑，北齐的温润内敛，北魏中晚期的清秀飘逸，这些关键词都与当时的社会历史人文状况有某种关联，若能沉下心去放大历史的某一个局部细致去分析，就能更具历史临场感。比如我们常说的"秀骨清像"，无论是云冈石窟还是龙门石窟，这个时期的造型已经完全地汉化了，"褒衣博带式"的佛衣，清秀的面容，成了最具代表性的符号。这个时期的造像风格与北魏早期犍陀罗样式已是截然不同，脸部略扁而瘦，并不是早期那种浑圆刚强状，五官的处理也不再是鲜卑人结合希腊人的造型，而是充满汉人的特征。无论是佛陀还是菩萨造像，特点是一致的，眼睛大、厚唇，开脸神态很清秀，一种直抒胸臆的洒脱，这种情绪氛围笼罩在造像的每一个细节上。

比如衣服线条、肢体造型、背屏上的彩绘火焰纹、足下的莲花等等都是统一在这样一个飘逸而高洁的氛围里。细看每一处衣纹的转褶起伏线条、护法龙的姿态、莲花花瓣的走势，就会发现很多尖角状、具有锐气的造型，这种元素背后的情绪其实是孤绝的，是清高的，是不妥协而出世的，并不

是后来北齐时代那种和美之气。而莲花到了北齐时就开始温和了，不再秀气尖锐，一直到隋唐以后这些孤绝的气息都逐渐消退，这些微妙的心理感受如对历史背景不了解的情况下，很难进入临场感。这也是我们在欣赏西方雕塑时无法获得的体验，西方人也很难理解佛造像中所表达出来的意境，难以共鸣。

所以当我们换位到一个时代里面去理解一件中国雕塑，你会发现很多心灵未曾触及的地方，你会明白为何中国雕塑很多细节存在着不合常理的结构，有很古怪的处理，很多造型看起来很丑，而这其实是时代气韵的落实点，并非基于我们现代人对于美的理解。

四、智慧与人性

佛像雕塑虽然与绘画有相同的审美准则与法度，但它毕竟是属于三维空间的立体的艺术，需要考虑的层面较绘画更为多样，需要解决前后左右的空间关系，一根线条下来不再只是考虑营造平面上的美感，而是实实在在的空间感，看得见、摸得着的实体。比如背屏式造像中主尊与旁边弟子、胁侍，足下的龙吐莲花，碑尖部的伎乐飞天等等这些主次的安排，与石窟就有不同，这是在石头平面上，在有限的纵深里去营造，面面俱到就会显得平庸单调，如何突出视觉的节奏感，这就需要全新的经验了。我们看到工匠通过不同的手法，有高浮雕、透雕、浅浮雕、阴线刻、彩绘等去布局，去安排合理的视觉位置，就像一名电影导演那样，引导我们去观看一部精心准备的电影，这注定需要付出更多的智慧与精力，需要解决的问题更为繁杂，较之绘画，具有更浓烈的仪式感。所以我们现在能触摸一千多年前的雕塑艺术，体会魏晋遗风、盛唐气象，它不仅仅包含着技术与艺术的问题，还有更多的人性光辉，特别是大型的佛造像，几代人的坚守与诚恳最终被永远埋葬在石头里。

在欣赏一尊中国佛造像时，你往往会感受到深厚的中国情怀，那是一种亘古以来的亲切感。在观看佛像时，你能感受到那种安详、宁静，而不会去关注佛像的身体结构合不合理，脸部比例是否失调，它似乎就是那样才是合理的，才是最自然的，尽管有时候甚至看起来不美，但它确实合理得不能再合理了。形式已经不重要，情绪则直达内心，这是花非花、物非物的道理，这就是中国雕塑的魅力，美到高处的大境界。

作者系学者、艺术家

上图／菩萨像 北齐 山东青州博物馆藏

胳膊是简洁的线条，无任何肌肉凸起的提示，没有肩胛骨，肩的肌肉结构也不对，过于简单，但从整体来看，意境却是空灵纯洁的，形式完美地服务于内容。

下图／造化生及飞天 北魏 洛阳巩县石窟

中间为莲华化生，小化佛刚从莲花里化生出来，左右对称的飞天驾着祥云飞奔而至。虽然呈对称式，但不刻板，左右的细节都做了改变，火焰纹、祥云、飘带这些经过提炼的造型组合在一起让冰冷的石块产生了律动感，营造出一个诗意的超脱的世界。

各时期造像手势范例

上图 / 北魏早期 大同云冈石窟第13窟
宏大的空间感与叙事感。

右上图 / 北魏晚期—东魏 曲阳清化寺大佛
这是清化寺一尊高度近8米的立佛，服饰风格为北魏晚期至东魏时期的“褒衣博带”样式，衣纹的线条走势极为流畅，张弛有度，充满抽象与中国式写意性的趣味。结带的线条、僧祇支的造型都经过了提炼与归纳，更有内在的秩序性，表达的精神实质更纯粹。

右下图 / 北魏晚期 洛阳巩县石窟
这是巩义北魏晚期的造像窟，窟内的构架简洁而充满韵律。上部的千佛小龛密布，让人视觉上产生一种致幻的效应，那是浩瀚博大的佛国世界；中部分别排列的几个主要大佛龛刚好与人的视线平齐，龛外壁上围绕的飞天与火焰纹等装饰起到了视觉上的缓冲与连接作用。在绕窟行走的过程中，这些佛像始终注视着你，似乎无形中净化了你的灵魂。1500年前，那群带有魏晋风度的工匠，将一个时代中最动人的精神镌刻在石头上。时光流转，寂静无声，《帝后礼佛图》依然在原来的地方；底下的伎乐依然在奋力地演奏，而创造这一切的那些伟大的艺术家最终都寂寂无名，连只字片语都不愿意留下，消失在了历史里。
一切如梦幻泡影，如露亦如电，应作如是观。

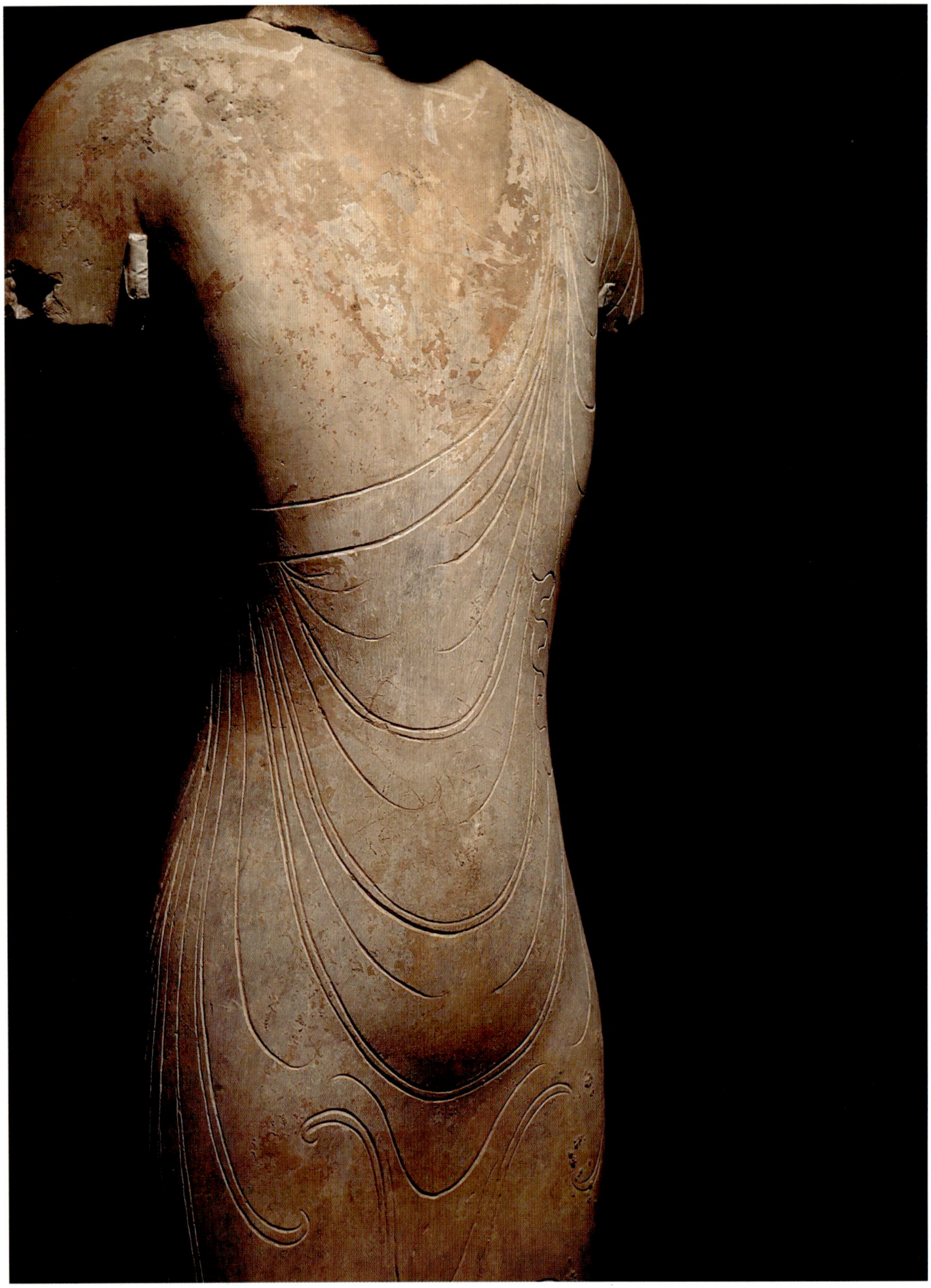

立佛 北齐 青州龙兴寺出土 中国国家博物馆藏

这是青州龙兴寺出土的北齐立佛，腹部圆润丰满，与北魏晚期那种秀气扁平的文人审美有根本的区别。受笈多风格的影响，北齐青州样式的形体感非常完美，腰部的曲线、袈裟的阴刻线等很好地诠释了以刀为笔的中国雕塑。

佛坐像 北齐 山东青州博物馆藏

这尊佛坐像体现了疏与密的强烈对比，这些密集的褶皱处于腿部的最下端，作为工匠来讲，此处完全可以简单地带过，毕竟不是视觉的重点区域，但我们却看到工匠耗费了极大的心血来处理这些圆弧褶皱——规律地排列。它们具有平面的装饰性，简单无变化的排列是最纯粹的极简的表达，而膝盖上的阴线旋涡完美地打破了这种规律，让整个造型充满了无限的美感。这尊造像的上半身是着墨很少的，视觉节奏感上轻下紧，工匠对整体的气韵了然于胸，细微处见广大。

中国佛教造像年表

汉元寿元年丨公元前2年 博士弟子秦景宪受大月氏王使伊存口授《浮屠经》。

永平八年丨65年 汉明帝退还楚王刘英赎罪缣帛，以布施沙门。说明当时已有僧有寺。

永平十年丨67年 蔡愔与沙门摄摩腾、竺法兰携佛经及释迦倚像抵洛阳，立白马寺于雍门西。

延熹年间丨158—167年 四川乐山麻浩东汉崖墓门楣佛像约成于延熹以前，为遗存之最早佛像。彭山崖墓出土一佛二菩萨摇钱树座，亦为东汉晚期遗物。

建安年间丨196—220年 东汉末年，笮融大兴浮屠祠，造铜佛，黄金涂身，衣以锦彩。

魏甘露五年丨260年 朱士行至于阗取得《放光般若经》九十章，太康三年遣弟子送洛阳。

吴永安五年丨262年 武昌莲溪寺永安年间彭卢墓出土鎏金菩萨立像铜带饰。

后赵建武四年丨338年 后赵建武四年铭鎏金铜坐佛，现藏于美国旧金山市博物馆。

359—385年 在此期间，鸠摩罗什在龟兹宣讲大乘，现存拜城克孜尔即当时北山雀离大清净寺遗址。

前秦建元二年丨366年 沙门乐僔、法良禅师先后在敦煌莫高窟造龛。

后凉太安元年丨386年 吕光据河西建后凉，鸠摩罗什在凉州传教授徒十六年。

397—412年 沮渠蒙逊于州南百里建凉州石窟。

北魏天兴元年丨398年 十二月，拓跋珪称帝平城，改元天兴。是岁始作五级佛图、耆阇崛山及须弥山殿，加以缋饰。别构讲堂、禅堂及沙门座，莫不严具焉。

后秦弘始二年丨400年 法显等西行求法，得敦煌太守李暠供给。十一月李暠自称凉公，是为西凉。

弘始六年丨404年 智猛结沙门十五人，发迹长安，出阳关，往天竺。

弘始七年丨405年 天水麦积山石窟始建于姚秦，第76窟有南燕主安都侯题铭。

西秦建弘元年 | 420年 天竺僧昙摩毗在炳灵寺建龛。

北凉永和三年 | 435年 沙门昙学、成德等八僧在于阗遇般遮于瑟之会。

宋元嘉十四年 | 437年 韩谦造金铜佛像，现藏日本永青文库。

北魏太延五年 | 439年 北魏灭凉，冬十月，徙凉州三万余家于平城。沙门佛事皆俱东，象教弥增。

太平真君七年 | 446年 三月，北魏太武帝诏诸州坑沙门，毁诸佛像。徙长安城工巧二千家于京师。

兴安元年 | 452年 北魏文成帝复法，命师贤为道人统。

兴光元年 | 454年 秋，敕于五级大寺内，为太祖已下五帝铸释迦立像五，各长一丈六尺，都用赤金二十五万斤。

太安元年 | 455年 师子国沙门邪奢遗多、浮陀难提等奉佛像三到平城。难提所造者，去十余步，视之炳然，转近转微。又沙勒沙门赴京师致佛钵并画像迹。

和平元年 | 460年 师贤卒，昙曜代之，更名沙门统。于平城武州塞凿窟五所，镌建佛像各一。高者七十尺，次六十尺，雕饰奇伟，冠于一世（今云冈第16—20窟）。

皇兴元年 | 467年 北魏于平城起永宁寺，构七级佛图，高三百余尺，基架博敞，为天下第一。又于天宫寺，造释迦立像。高四十三尺，用赤金十万斤，黄金六百斤。

延兴元年 | 471年 云冈第7、8双窟开凿于孝文帝初期。

太和元年 | 477年 自兴光至此，北魏京城寺且百所，四方诸寺六千四百七十八。

太和八年 | 484年 钳耳庆主持开凿云冈第9、10双窟。

太和十年 | 486年 正月，北魏朝会始服衮冕，四月，制五等公服。

南齐永明七年 | 489年 处士明僧绍舍宅建栖霞寺，后绍子仲璋与僧法度于西崖请僧祐经始建造无量寿佛及二菩萨像，坐佛身高三丈一尺五寸，通座四丈，菩萨高三丈二尺，为是摄山大像。其后陆续有所修建，现摄山千佛崖尚存窟龛二百九十四座，造像五百一十五尊。

北魏太和十八年 | 494年 北魏迁都洛阳，约于此前后始营伊阙石窟（龙门石窟古阳洞约建于这一时期）。

太和二十三年 | 499年 北魏营州刺史元景于辽宁义县万佛堂造一区。

景明元年 | 500年 北魏大长秋卿白整于伊阙营石窟（龙门石窟宾阳洞），巩义石窟寺亦开始兴建（宣武帝时，在希玄寺凿山为窟，刻石为佛）。

梁天监六年 | 507年 僧佑于僧护、僧淑后，专任像事，继续雕造剡溪大佛。自齐建武中僧护经始，至天监十五年始竟功。弥勒佛坐高五丈、立形十丈。僧佑于天监八年又铸光宅寺丈九无量寿金像。

北魏正始四年 | 507年 山东青州地区曾多次出土北朝造像，这些造像具有独特的地方风格，大大丰富了石刻艺术史的内容。这些造像中纪年最早的为正始四年比丘尼法想造弥勒三尊像。

永平元年 | 508年 北魏于恒农荆山造玉石丈六像。三年冬，迎至洛滨报德寺。

永平二年 | 509年 北魏泾州刺史奚康生建北寺。

永平三年 | 510年 北魏泾州刺史奚康生建南寺。

熙平元年 | 516年 于洛阳起永宁寺，灵太后亲率百僚，表基立刹，佛图九层，高四十余丈。遣沙门惠生使西域，采诸经律。正光三年冬，还京。

熙平二年丨517年	比丘县覆于京南太谷造二立佛（河南偃师水泉石窟），高5米余。
神龟三年丨520年	1953年在河北曲阳修德寺遗址发现二千二百件石刻造像，纪年最早的为神龟三年，这批造像对研究定州地区佛教造像的发展提供了重要实物。
正光二年丨521年	龙门莲花洞建于此时。四川广元千佛崖约开始凿造于北魏晚期。
孝昌元年丨525年	河南新安西沃石窟，始凿于是年。至普泰二年，共成二窟。另有浮雕石塔四座。
永安二年丨529年	八月，北魏封瓜州刺史元荣为东阳王（孝昌元年前出任刺史）。原州主簿李贤以功授都督，后为原州刺史。宁夏固原须弥山石窟创建于北魏末，北周时建窟数量多，规模大。石窟的兴建与世代镇守原州的李贤一族有一定关系。
西魏大统四年丨538年	敦煌建莫高窟第285窟。麦积山石窟第127窟亦建于此际。
东魏武定年间丨543—550年	天龙山石窟始建于东魏末年。
武定四年丨546年	道凭法师于宝山寺造大留圣窟（安阳灵泉寺）。
武定五年丨547年	于磁州鼓山石窟凿东魏大将军高欢瘗窟。
北齐天保六年丨555年	灵山寺僧方法师等刊窟，至六年稠禅师重营修成（安阳小南海石窟）。
北周武成元年丨559年	北周大都督尉迟迥在甘肃武山拉梢寺摩崖造像，坐佛高60米，两旁侍立二菩萨。
保定四年丨564年	北周大都督李充信于麦积山建七佛龛（现第9窟）。
北齐天统元年丨565年	灵化寺比丘慧义开滏山石窟（南响堂）。
天统四年丨568年	北齐骠骑大将军唐邕于鼓山石窟（北响堂）刻经。唐邕曾铸七尺弥勒金像一躯，白石丈八像二躯，修治故像一万许躯，造佛像三万二千躯。
北周建德三年丨574年	北周瓜州刺史建平公于义在敦煌建窟（现莫高窟第428窟）。北周武帝禁断佛道二教，经像悉毁，佛道二百万还俗。
大成元年丨579年	北周宣帝诏复佛道像。
大象二年丨580年	北周静帝复佛道二教。
隋开皇元年丨581年	隋文帝杨坚诏任听出家，令计口出钱营造经像。
开皇四年丨584年	敕天下北周已入官未毁之像再行安置。
开皇九年丨589年	僧灵裕于安阳灵泉寺创大住圣窟。
开皇十三年丨593年	诏修复周武所毁之废像遗经。
开皇十七年丨597年	高僧智顗在世共造大寺三十五所，写经一十五藏，造金檀画像十万许躯。
仁寿元年丨601年	六月，诏天下诸州建灵塔。
仁寿三年丨603年	诏于五十三州立舍利塔。文帝在位二十三年，于一百余州立舍利塔，立寺三千七百九十二所，写经四十六藏十三万二千零二十六卷。修故经三千八百五十三部，造像十万六千五百八十躯。
大业十年丨614年	北京房山云蒙山万佛堂，有文殊、普贤、万菩萨法会浮雕一堂，为唐代石刻。堂下水洞壁上有大业十年刻经和隋唐雕像。
义宁元年丨617年	隋炀帝在位十四年，修故经六百一十二藏二万九千一百七十二部，治故像十万零一千躯，造

	新像三千八百五十躯。
唐武德三年丨620年	王仁哲于宣雾山开龛造像。
贞观三年丨629年	玄奘西行求法。
贞观八年丨634年	释慧震于梓州西山命工镌大佛高百二十尺。
贞观十四年丨640年	闰十月，吐蕃遣使献黄金千金来求婚，许以文成公主妻之。公主带至西藏的释迦金像，现供奉在拉萨大昭寺。
贞观十六年丨642年	敦煌翟家窟（莫高窟第220窟）建成，为初唐代表窟。
贞观十七年丨643年	遣李义表、王玄策使西域。
贞观十九年丨645年	玄奘携经论、舍利、佛像归国。
贞观二十二年丨648年	中天竺王掠汉使财物，王玄策率吐蕃、尼婆罗兵击破之。
贞观年间丨627—649年	四川广元皇泽寺开造阿弥陀大像龛。
永徽三年丨652年	中天竺沙门阿地瞿多到长安，于慧日寺浮居院建陀罗尼普集合坛，译《陀罗尼集经》，密像经轨始入唐土。
显庆五年丨660年	高宗与武后巡幸并州，至童子寺、开化寺瞻礼大佛像。
麟德二年丨665年	王玄策在东都敬爱寺，按照取到西域弥勒菩萨所造佛像图样，雕造菩提树下释迦降魔成道像。
乾封元年丨666年	道宣律师卒，令天下寺图形塑像，以为模范。
咸亨三年丨672年	于洛阳龙门镌卢舍那大像龛，武后助脂粉钱二万贯。
垂拱四年丨688年	拆乾元殿造明堂，明堂北起天堂，作夹纻大像，小指上可容数十人。
延载二年丨695年	禅师灵隐等在莫高窟造北大像，高一百四十尺（现第96窟）。
圣历元年丨698年	咸亨二年义净从广州泛海，往天竺求法。是年携金刚座真容像归。
长安三年丨703年	武则天在长安光宅寺建七宝台，残存石雕造像极精美，均流失国外。
景龙元年丨707年	四月，以雍王守礼女金城公主妻吐蕃赞普。
开元元年丨713年	名僧海通创建四川乐山凌云寺大佛，后剑南川西节度使韦皋于贞元十九年完成，历时九十年。大佛通高71米，头高14.7米，肩宽28米，是世界最大石佛。
开元二年丨714年	沙汰僧尼万二千余人还俗，禁镌佛、写经。
开元三年丨715年	益州长史韦抗于四川广元千佛崖凿石开路，雕造佛像。开元八年益州都督府长史苏颋亦在此开龛造像。
开元七年丨719年	南天竺沙门金刚智泛舶来华，所住之刹必建大曼荼罗灌顶道场，译《金刚顶经》。
开元九年丨721年	沙州僧处谚等在莫高窟造南大像，高一百二十尺（现第130窟）。
开元年间丨713—741年	四川巴中南龛石窟始创。
大历十一年丨776年	李大宾在莫高窟建涅槃大像窟（现第148窟）。
建中三年丨782年	山西五台南禅寺重建，为内地现存晚唐彩塑最完好者。
会昌五年丨845年	唐武宗灭法，拆天下寺四千六百余所，招提、兰若四万余区。僧尼还俗二十六万余人。
南诏天启十一年丨850年	云南剑川石窟始创。

唐大中元年丨847年	吐蕃占领沙州，佛事不衰，现莫高窟第158窟（涅槃像长15米）、第365窟（七佛堂）均建于此时。
大中十一年丨857年	山西五台佛光寺东大殿重建，现存彩塑三世佛一铺。
咸通三年至八年丨862—867年	河西都僧统翟法荣兴造莫高窟第85窟。
咸通六年丨865年	莫高窟第156窟建成，为归义军节度使张议潮供养窟。
乾宁二年丨895年	昌州刺史韦君靖于大足北山开龛造像，为北山石窟开凿之始。
后晋天福三年丨938年	后晋供奉官张匡邺、判官高居诲出使于阗。册封李圣天为大宝于阗国王。
天福七年丨942年	浙江杭州慈云岭资延寺为吴越王所建，现石壁尚存西方三圣龛，两侧有菩萨、力士各一。地藏龛楣有六道轮回浮雕。
开运年间丨944—946年	杭州南高峰下烟霞洞，有五代十六罗汉及宋初观音、势至等雕像。
后周广顺元年丨951年	浙江杭州飞来峰青林洞西方三圣像凿于此时，此后宋、元时期陆续有所雕造，现存造像三百八十余尊。
北汉天会七年丨963年	山西平遥镇国寺始建，寺内万佛殿彩塑保存完好。
宋乾德二年丨964年	僧继业等三百人求舍利及贝多叶书，自阶州出塞，往天竺。
开宝四年丨971年	七月，于河北正定隆兴寺建大悲阁，阁内铜铸四十二臂大悲菩萨像，高22米多，为现存最高铜造像。
太平兴国五年丨980年	峨眉山普贤寺骑象普贤菩萨铜像，通高7.3米，现存峨眉山万年寺。
辽统和二年丨984年	重建天津蓟州独乐寺观音阁，阁内十一面观音立像，高16米。
重熙七年丨1038年	建西京（今山西大同）下华严寺，薄伽教藏殿彩塑三世佛一堂，为辽代造像精品。
西夏大庆三年丨1038年	十月，元昊称帝，国号大夏。
宋康定元年丨1040年	八月，宋朝禁以金箔饰佛像。
西夏天授礼法延祚十年丨1047年	二月，西夏于兴庆府东十五里建高台寺及诸浮屠，俱高数十丈。
福圣承道三年丨1055年	十月，西夏于兴庆府西起承天寺。
宋元丰二年丨1079年	山西长子县崇庆寺建成，现存十八罗汉。
崇宁元年丨1102年	二月，西夏建卧佛寺于甘州。
政和元年丨1111年	山西长子县法兴寺建成，现存十二圆觉。
金天会十五年丨1137年	五台佛光寺重修文殊殿，塑骑狮文殊菩萨及胁侍。
皇统三年丨1143年	金初圆满大师主持重修大普恩寺（今大同善化寺），历十五年始成，殿中大日如来及四方佛，帝释等二十四天，甚精美。
宋淳熙年间丨1174—1189年	僧人赵智凤募化开凿大足宝顶石窟。
元中统元年丨1260年	元以八思巴为帝师，令统掌释教。
至元十年丨1273年	尼泊尔雕塑家阿尼哥任诸色人匠总管，两京寺院造像多出其手。
明正统八年丨1443年	建北京智化寺，现尚残存明代造像和壁画。
清康熙三十三年丨1694年	创建北京雍和宫，宫内万佛阁檀木弥勒立像，高26米。
乾隆二十年丨1755年	建河北承德普宁寺，大乘之阁内有千手千眼观音像，高22.23米，是现存最大木雕立像之一。

万佛朝宗

千佛廊　北周　天水麦积山石窟第3窟

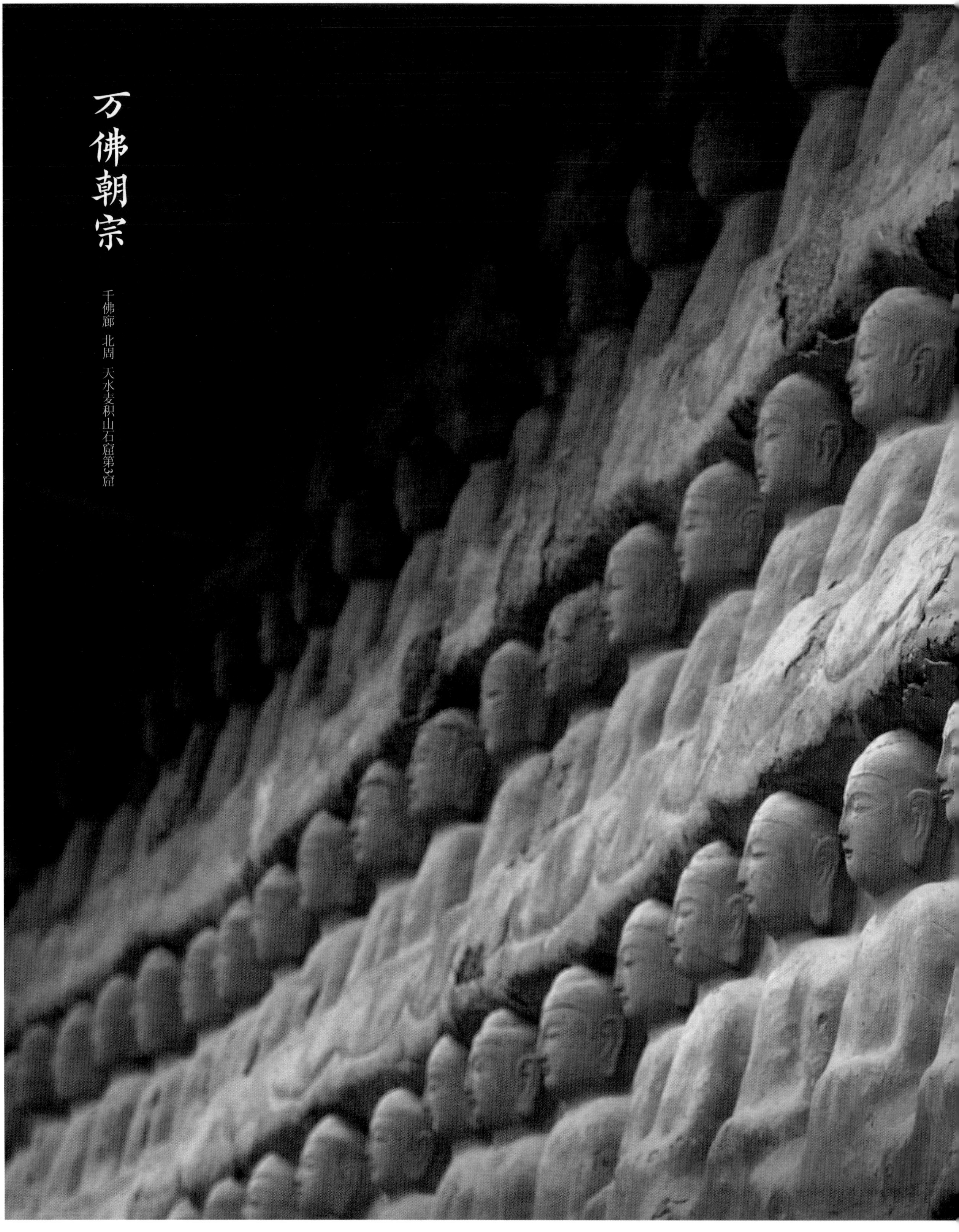

七年之约

文／王凯

80岁的悉达多在他生命最后的45年里，游历了几乎整个恒河平原，并且用他的智慧与慈悲感化了众生：从贵族到奴仆，从乞丐到居士，从苦行僧到流浪汉……

在某天旅行途中，悉达多和他的弟子们来到了一个铁匠铺，他在进行开示后，接受了主人的邀请，与铁匠纯陀共进了晚餐，食物可能是一些野猪肉或是某种松露与蘑菇。吃完饭后，悉达多和他的弟子们继续赶路，在经过一片树林时，悉达多感到腹部异常疼痛，并虚弱得无法继续前行，便叫来堂兄阿难达，对他说："刚才的晚餐，是我人生中的最后一顿饭，但请不要责怪纯陀，因为这顿饭与我出生时吸吮的第一口奶水一样意义重大！"之后，悉达多在亲自为一位名叫须跋陀罗的追随者授戒后，说道："万物皆会寂灭，只有正念永存！"说完，他便去世了。

这位悉达多，就是被后世尊称为释迦牟尼的佛陀。据后来的学者推论，佛陀死于肠系膜血管栓塞，而不是食物中毒。

佛陀涅槃后，逐步产生了原始佛教，最初的佛教艺术不允许表现凡人形象的佛陀，只采用象征、隐喻和暗示的手法，例如法轮、菩提树、金刚座、佛足印、莲花以及供奉佛舍利的窣堵坡（佛塔）等。

公元前3世纪，年轻的马其顿国王亚历山大大帝，从爱琴海一直征服到了印度河，建立了世界上第二个横跨欧亚非三大洲的庞大帝国，除了残酷嗜血的杀戮、白肤碧眼的人种外，他还为印度次大陆带来了理性发达的雅典文明与高度写实的希腊艺术。希腊写实艺术的到来，深刻地改变了佛教艺术的发展路径，公元1世纪，人神合一的佛陀雕像最早出现在了印度北部的犍陀罗和马图拉一带，结束了佛教有形无像的时代。

自此，佛教开始从南亚印度次大陆向亚洲其他地区传播。上千年来，佛教传播的路线主要有三条：一条是从印度南部以海洋为路径，终点是东南亚地区，发展为南传小乘佛教；一条是从东印度陆路，越过喜马拉雅山，进入西藏地区，成为藏传密宗佛教；另一条是从印度北部开始，以丝绸之路为通道，经过中亚，进入华夏腹地，成为汉传大乘佛教，并最终传至韩日。佛教在每个新东道国的传播和发展，佛教艺术也紧随其后，而北部的这条线路，正是佛教艺术进入华夏后，逐步本土化、民族化、中国化的演变脉络与传播过程。

在阿富汗贾拉拉巴德市以南10公里的哈达，曾经发掘了一处公元2世纪的绍托尔佛寺，在佛寺遗址出土了一组极其精美的泥塑佛造像，正中是典型的犍陀罗风格佛陀坐像，按现在的习惯，守护在佛陀两侧的应该是二位胁侍菩萨，而令人惊讶的是，这尊佛陀的右侧是赤身裸体的古希腊神话中的伟大英雄赫拉克勒斯，左侧是裸露上身的古希腊神话中的命运女神，宙斯的女儿堤喀——两个几乎完美的古希腊雕塑——当我看到这组奇怪的神仙组合后，简直瞠目结舌，大跌眼镜，但从文明交流互鉴的角度看，它也确凿地证实了这个时期是东西方文明杂糅交融的特殊艺术阶段。但令人遗憾的是，这组有着极其重要历史意义、文化艺术价值的犍陀罗雕塑，在1992年，被塔利班炸毁殆尽，现在只留下了一张模糊的照片。

纵贯人类历史的发展，各个文明从不是完全自无到有，独立存在的，几千年来，随着战争、商贸、宗教、旅行、探险以及国界的变化，它们或深或浅，不断地彼此交融与相互影响，形成了你中有我，我中有你的人类文明体系。初期的佛教艺术，在古代印度文明的基础上有了雏形，之后的犍陀罗艺术接连受到希腊文明和波斯文明的影响，在传入我国后，又逐步接受了华夏文明的改造、同化与世俗化，并最终发展成为我们今天看到的模样。

柯翰兄是一个造像迷，买了很多相关书籍，看过很多造像展览，学习与研究古代佛造像艺术。中国佛造像有两个艺术高峰——南北朝与隋唐，而南北朝又以北魏与北齐为盛，

这时期的造像，文化性与艺术性极强，是中国佛教雕刻艺术最为重要的时期之一，但受一些因素的影响，它们却较少受到关注。于是，7年前我们有了出版一本介绍中国古代隋朝以前佛教雕塑艺术的书籍的想法。就这样，从选题策划、资料梳理，到约稿拍摄、排版设计、做做停停、修修补补，一直到了现在。就在我们这本《造像之美》即将付梓之际，故宫博物院也举办了迄今为止国内最大的犍陀罗艺术展——“譬若香山”，可能，这也是冥冥之中的一点儿缘分吧。

《造像之美》梳理了从佛教初始的第一尊佛造像，沿丝绸之路东传，到中国北朝晚期，逐步民族化的艺术演变过程：从犍陀罗到巴米扬，从斯瓦特到克孜尔，从莫高窟到麦积山，从云冈堡到龙门镇，从响堂山到龙兴寺。本书以500余年为时间限，并特邀国内外佛造像艺术研究的专家学者撰稿，以时间和地理两条线索，从历史、艺术、文化、哲学、鉴赏等多个角度，系统地梳理了佛教雕塑艺术在中国的传播脉络。

2023年4月《造像之美》出版后，在文博及造像圈取得了还不错的口碑与成绩，这次在中央编译出版社再版，算是一个新的开始。感谢为《造像之美》辛劳撰稿的各位专家老师！本书的责任编辑哈曼女士也为《造像之美》的再版，即《中国造像之美：丝绸之路上的石窟艺术与文明流变》一书，提出了很多宝贵的意见与建议，付出了很多的精力与汗水，谢谢你！

《中国造像之美：丝绸之路上的石窟艺术与文明流变》算是一本在中国传统文化，尤其石窟艺术受到广泛关注时期的一本学术普及类读物，但愿它能在文化发展的当下，做一块质朴无华的垫脚石，贡献一点儿力所能及的力量。

借用佛陀涅槃前，最后说的那句话：“万物皆会寂灭，只有止念永存！”

王凯

陈柯翰

本名陈资斌，独立出版人、平面设计师、艺术品经纪人。李可染画院青年画院研究员，中国价格协会文物艺术品专业委员会委员，一画会主理人。

致力于研究与推广中国书画及古代佛造像艺术，足迹遍布世界各大博物馆及历史文化遗迹。编著有《造像之美：从犍陀罗到龙兴寺的佛造像艺术》《乐舞之美：丝路石窟中的乐舞世界》《一画》丛书。

王凯

策展人、青年作家、《凯爷聊艺术》主理人。李可染画院青年画院研究员，中国价格协会文物艺术品委员会委员。2012（伦敦）奥林匹克美术大会委员，首届丝绸之路（敦煌）国际文化博览会主策展人，意大利那不勒斯国际经典文化国际优秀策展人奖。编著有《乐舞之美：丝路石窟中的乐舞世界》《造像之美：从犍陀罗到龙兴寺的佛造像艺术》《画家的觉察：从达芬奇到徐悲鸿》《千年一窟看云冈》。

南北朝主要佛教石窟寺

所在省	所在地	石窟名称	始凿朝代
浙江	绍兴	新昌大佛寺弥勒像和千佛崖造像	南北朝
河北	邯郸	南北响堂石窟	北齐
		水峪寺石窟	北齐
		涉县中皇山石窟	北齐
山西	太原	天龙山石窟	东魏
	晋中	石马寺石窟	北魏
	晋城	碧落寺石窟	北齐
		羊头山石窟	北魏
	大同	云冈石窟	北魏
	长治	沁县南涅水石刻	北魏
辽宁	锦州	义县万佛堂石窟	北魏
江苏	徐州	云龙山摩崖造像	北魏
山东	济南	东佛峪摩崖石刻造像	东魏
		历城龙洞造像	东魏
	潍坊	青州驼山石窟	北周
河南	鹤壁	鹤山五岩寺石窟	东魏
		淇县前嘴石窟	东魏
		淇县朝阳寺石窟	东魏
		浚县大伾山大佛	北齐
	洛阳	龙门石窟	北魏
		新安西沃石窟	北魏
		嵩县铺沟石窟	北魏
		宜阳虎头寺石窟	北魏
		孟津万佛山石窟	北魏
		孟津谢家庄石窟	北魏
		偃师水泉石窟	北魏
	安阳	灵泉寺石窟	东魏
		小南海石窟	北齐
		林州洪谷寺塔与千佛洞石窟	北齐
	郑州	巩义大力山石窟	北魏
		荥阳王宗店是石窟	北齐
		荥阳邢河石窟	北齐
	三门峡	渑池鸿庆寺石窟	北魏

所在省	所在地	石窟名称	始凿朝代
四川	成都	蒲江石窟飞仙阁摩崖造像	南北朝
	广元	千佛崖石窟	北魏
		皇泽寺石窟	北魏
陕西	铜川	宜君石窟群	北朝
	宝鸡	岐山北魏窟龛群	北魏
	榆林	横山接引寺摩崖造像	北魏
甘肃	酒泉	文殊山石窟	北凉
		敦煌西千佛洞	北魏
		敦煌莫高窟	前秦
		肃北五个庙石窟	北魏
	庆阳	北石窟寺	北魏
		合水张家沟门石窟	北魏
		合水保全寺石窟	北魏
	平凉	泾川南石窟寺	北魏
		泾川王母宫石窟寺	北魏
		华亭石拱寺石窟	北魏
		庄浪云崖寺石窟	北魏
	天水	麦积山石窟	后秦
		武山水帘洞石窟群	北周
	张掖	肃南金塔寺石窟	北凉
		肃南马蹄寺石窟	北魏
	白银	靖远法泉寺石窟	北魏
		景泰五佛沿寺石窟	北魏
	武威	天梯山石窟	北凉
	临夏	永靖炳灵寺石窟	西秦
宁夏	固原	须弥山石窟	北魏
新疆	吐鲁番	鄯善吐峪沟石窟	南北朝
		柏孜克里克石窟	南北朝
	阿克苏	库车库木吐喇石窟	南北朝
		库车克孜尔尕哈石窟	北朝
		拜城克孜尔石窟	西晋
	喀什	三仙洞	南北朝
	巴音郭楞	焉耆七个星石窟	南北朝

南北朝纪年表

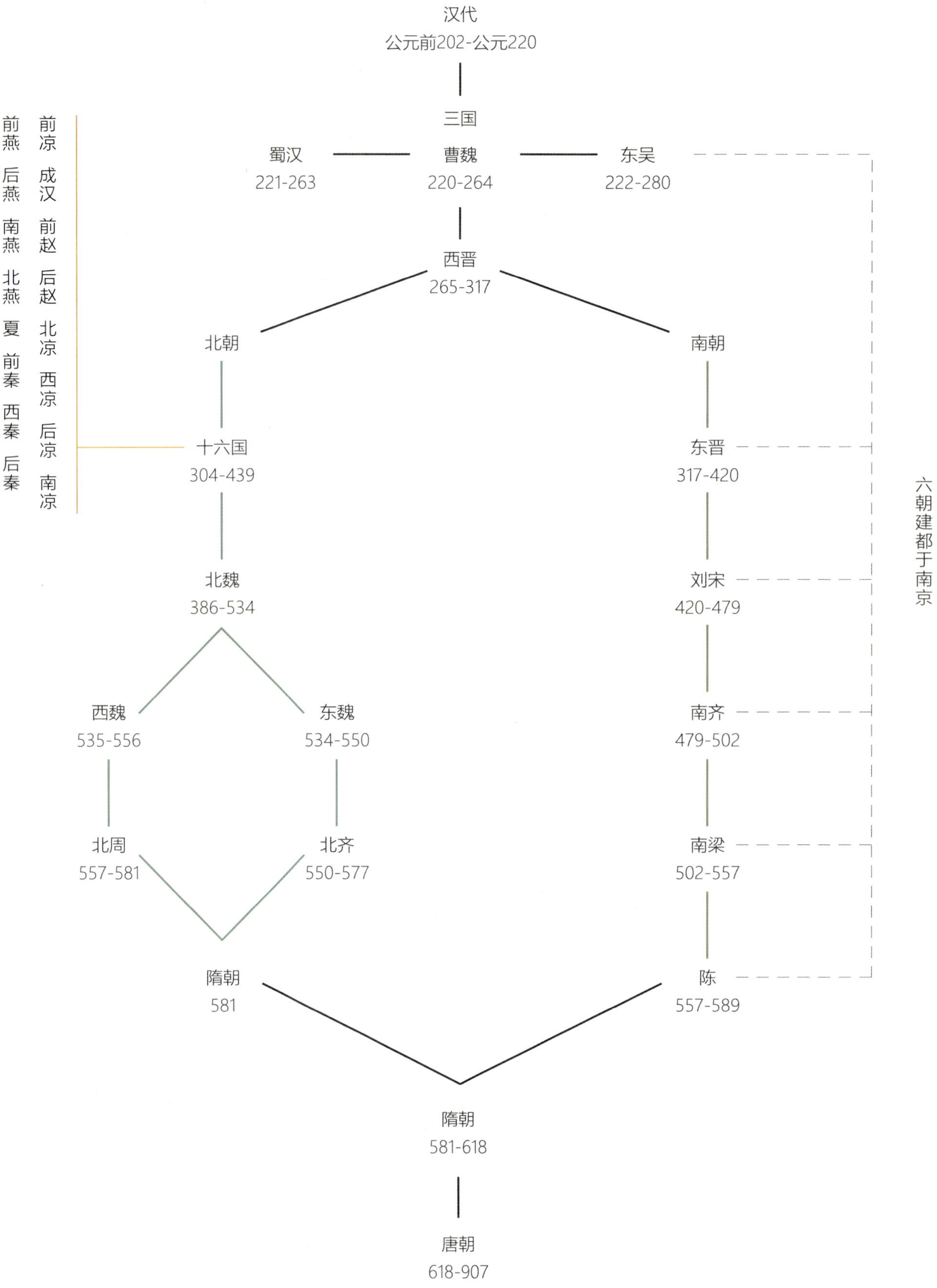
汉代
公元前202-公元220
三国
蜀汉
221-263
曹魏
220-264
东吴
222-280
西晋
265-317
北朝
南朝
前凉
成汉
前赵
后赵
北凉
西凉
后凉
南凉
前燕
后燕
南燕
北燕
夏
前秦
西秦
后秦
十六国
304-439
北魏
386-534
西魏
535-556
东魏
534-550
北周
557-581
北齐
550-577
隋朝
581
东晋
317-420
刘宋
420-479
南齐
479-502
南梁
502-557
陈
557-589
六朝建都于南京
隋朝
581-618
唐朝
618-907